Mil sóis

Primo Levi

Mil sóis

Poemas escolhidos

seleção, tradução e apresentação
Maurício Santana Dias

todavia

A poesia de um sobrevivente
Maurício Santana Dias 9

Em hora incerta

25 febbraio 1944 / 25 de fevereiro de 1944 20
Il canto del corvo (I) / O canto do corvo (I) 22
Shemà / Shemà 24
Alzarsi / Levantar 26
Lunedì / Segunda-feira 28
Il tramonto di Fòssoli / Pôr do sol em Fòssoli 30
11 febbraio 1946 / 11 de fevereiro de 1946 32
Il ghiacciaio / A geleira 34
La strega / A bruxa 36
Attesa / Espera 38
Epigrafe / Epígrafe 40
Il canto del corvo (II) / O canto do corvo (II) 42
Erano cento / Eram cem 44
Per Adolf Eichmann / Para Adolf Eichmann 46
Approdo / Chegada 48
Lilít / Lilith 50
Nel principio / No princípio 52
Via Cigna / Rua Cigna 54
Le stelle nere / Estrelas negras 56

Congedo / Despedida 58
Plinio / Plínio 60
La bambina di Pompei / A menina de Pompeia 62
Huayna Capac / Huayna Capac 64
Annunciazione / Anunciação 66
Verso valle / Rumo ao vale 68
Cuore di legno / Coração de madeira 70
12 luglio 1980 / 12 de julho de 1980 72
Schiera bruna / Fileira escura 74
Autobiografia / Autobiografia 76
Voci / Vozes 80
Le pratiche inevase / Medidas não despachadas 82
Partigia / *Partigia* 84
Aracne / Aracne 86
Vecchia talpa / Velha toupeira 88
Un ponte / Uma ponte 90
L'opera / A obra 92
Un topo / Um rato 94
Nachtwache / *Nachtwache* 98
Agave / Agave 100
Meleagrina / Meleagrina 102
La chiocciola / O caracol 104
Un mestiere / Um ofício 106

Fuga / Fuga 108
Il superstite / O sobrevivente 110
L'elefante / O elefante 112
Sidereus nuncius / *Sidereus nuncius* 116
Dateci / Dai-nos 118
Scacchi (I) / Xadrez (I) 120
Scacchi (II) / Xadrez (II) 122

Outros poemas

Polvere / Poeira 126
Una valle / Um vale 128
Carichi pendenti / Encargos pendentes 132
Canto dei morti invano / Canto dos mortos em vão 134
Il disgelo / O degelo 136
Ladri / Ladrões 140
Agli amici / Aos amigos 142
Agosto / Agosto 144
La mosca / A mosca 146
Il dromedario / O dromedário 148
Almanacco / Almanaque 150

Índice de títulos e primeiros versos 153

A poesia de um sobrevivente

Maurício Santana Dias

> *Nós, todos os seres humanos, somos animais que preferem as coisas simples. Mas as coisas não são simples. São sempre complexas.*
>
> Primo Levi, entrevista a Giorgio Segrè

I

Para a grande maioria dos leitores — inclusive dentro da própria Itália — Primo Levi (1919-1987) é, sobretudo, o prosador cristalino e rigoroso que emergiu do pós-guerra em uma série de livros que ajudaram a fixar um novo gênero: o testemunho literário do horror. No seu caso particular, os onze meses em que o jovem químico e *partisan* turinês permaneceu no campo de concentração de Auschwitz forneceram o material (histórico, pessoal e inquiridor) para textos como *É isto um homem?* (1947) e *A trégua* (1963). Esses dois livros, escritos num estilo descarnado, antissentimental e mesmo assim profundamente tocantes graças à inteligência compassiva do autor, que não se furta a buscar o elemento humano mesmo em meio à mais profunda e aterrorizante reificação produzida em massa pelos nazistas, estabeleceram o seu nome mundo afora. Mais do que isso, fizeram da literatura de Levi (que ganharia volume e relevância ao longo das décadas com a publicação de romances, contos e ensaios) um dos raros monumentos literários do século XX que conseguiram aliar refinamento estético a uma intensa preocupação pelo sofrimento dos indivíduos mergulhados nos pesadelos da História.

O primeiro texto publicado de Primo Levi, contudo, foi um poema. "Buna Lager" apareceu em junho de 1946 em *L'Amico del Popolo* [*O Amigo do Povo*] semanário comunista editado pelo seu amigo Silvio Ortona. Esse periódico teria papel fundamental no início da carreira de Levi: foi nele que, nove meses depois da publicação do primeiro poema, o autor iria trazer a lume cinco partes do texto que originalmente formaria *É isto um homem?*. Nesses primeiros anos imediatamente após a experiência em Auschwitz e às vésperas de estrear na prosa, Primo Levi escreveu uma dezena de poemas. Uma produção errática e sem método, como confessaria mais tarde. E realmente são bastante distintos, no tom altissonante e na voz às vezes estridente, da prosa do autor, que frequentemente se recusa a maiores derramamentos.

    Levi continuaria a escrever poemas, ainda que de maneira pouco frequente. Entre os anos 1950 e 1970 publicaria alguns deles em revistas literárias de prestígio, como a influente *Botteghe Oscure* [*Oficinas Escuras*], cujo editor-chefe era nada menos que Giorgio Bassani, outro prosador italiano de origem judaica que também incursionaria pela poesia. No final de 1970, Levi faz publicar apenas trezentos exemplares de um fino volume com sua poesia até então — onde não constava em parte alguma título da obra ou nome do autor. O livro anônimo, com capa em ordinário papel-cartão, abrigava 23 poemas (dezessete deles inéditos) cuja característica autoral era a datação dos textos e a ordem cronológica. Uma espécie de diário íntimo em versos.

    Ainda na metade da década de 1970, os poemas de Primo Levi seriam adquiridos pela All'Insegna del Pesce d'Oro, uma pequena e prestigiosa casa milanesa que já havia publicado, no original ou em traduções, alguns dos maiores poetas do século XX, como Montale, Ungaretti, Yeats, Eliot, Seferis, Michaux e muitos outros. Seleção que denunciava o bom gosto e o refinamento poético de seu editor, Vanni Scheiwiller — e também uma chancela para a própria lírica de Levi. A data de publicação do novo volume (agora com o nome do autor devidamente estampado na capa) é nada menos que simbólica: 25 de abril de 1975, o trigésimo aniversário do fim da guerra na Itália.

Nos anos seguintes, entre o final da década de 1970 e a metade da década posterior, diversos poemas apareceriam no jornal *La Stampa* [*A Imprensa*], importante diário publicado em Turim desde 1867. Reunidos já como um corpo significativo de textos líricos, os poemas ganhariam uma edição bastante fornida e bem cuidada em 1984 sob o título *Ad ora incerta* (*Em hora incerta*).[1] Ali, seriam 63 poemas e dez traduções (que vão de baladas escocesas anônimas a textos de Heine e Kipling). No ano seguinte, *Ad ora incerta* receberia os prêmios Abetone e Giosuè Carducci.

II

É preciso distinguir entre a poesia e a prosa. Sou um poeta bissexto: no fim das contas, escrevi pouco mais de um poema por ano em minha vida, embora haja períodos em que me venha espontaneamente escrever em versos. Mas se trata de uma atividade que não tem nada a ver com nenhuma outra atividade mental que eu conheça. É algo completamente diferente: é como um cogumelo que cresce numa noite, acorda-se de manhã com uma poesia na mente, ou pelo menos com seu núcleo. Depois é um trabalho de longas variantes e correções contínuas: e o computador é

---

[1] Tirado de um verso do poema *A balada do velho marinheiro*, de S.T. Coleridge, que diz: "Desde esse dia, em hora incerta,/ Volta essa angústia extrema;/ E se não conto a história horrível/ O coração me queima.// Cruzo, qual noite, o mundo; estranho/ Poder me anima a fala;/ Ao ver um rosto, sei nessa hora/ Que é alguém que deve ouvir a história;/ A esse homem vou ensiná-la". No relato fantástico de Coleridge, a Morte e a Vida-em-Morte disputam no jogo de dados o destino da tripulação do navio: todos os marujos são vencidos pela Morte, e o velho marinheiro é levado pela Vida-em-Morte. Cito a tradução brasileira de Alípio Correia de Franca Neto, *A balada do velho marinheiro* (Cotia: Ateliê, 2005, pp. 198-200).

um instrumento perfeito para isso, para a tristeza de futuros filólogos que não acharão os manuscritos com as sucessivas aproximações.[2]

Poesia assumidamente bissexta, escrita em repelões de criatividade em meio à produção consistente da obra em prosa, muito mais difundida mundo afora, a lírica de Primo Levi atravessou diversas fases desde a publicação do primeiro poema. Fases que não se anulam nem se sobrepõem umas às outras, que não possuem um caráter excludente ou evolutivo entre si, mas que talvez sejam mais bem explicadas pela imagem de uma espécie de lírica modular. Os principais temas e motivos de sua poesia parecem peças intercambiáveis que, ao longo da vida, o autor teve a consciência de mudar de posição, de rearranjá-las, de experimentar — à medida que eventos privados e históricos pareciam romper os períodos de inação poética.

Assim, os poemas dos anos 1940, cuja datação — ao longo de diversos meses de 1946 — parece explicitar um processo de restauração humana no antigo prisioneiro do *Lager*, têm algo de um hinário sombrio em torno de temas como a deportação, a desumanização e a necessidade imperiosa de jamais esquecer os horrores vistos e experimentados. São poemas que articulam aquilo que é, a rigor, indizível. Em textos como "25 de fevereiro de 1944", "O canto do corvo (I)", "*Shemá*" e "Segunda-feira", apenas para citar alguns dos mais impressionantes do conjunto (constantes neste volume), a voz lírica oscila entre o desespero, a notação da realidade dura e algumas tentativas, ainda bastante incipientes, de buscar uma luz em meio às trevas. Muito tempo mais tarde, em poemas como "O sobrevivente" e "Dai-nos", ambos de 1984, a mesma

[2] Marco Belpoliti (org.), *Primo Levi: Conversazioni e interviste (1963-1987)*. Turim: Einaudi, 1997, p. 199.

energia ambivalente, entre destruição e restauração, parece dar movimento aos textos. Não são, contudo, peças eivadas de desespero, como se poderia supor. A despeito da negatividade de seus temas e motivos, há algo nesses poemas — talvez devido ao próprio esforço de trazê-los a lume — que parece correr no sentido contrário de uma escrita meramente desencantada. Há neles uma busca pela claridade, um trabalho contínuo contra as sombras.

Algo que o próprio Levi assinalaria, ao comentar sua leitura de um dos maiores líricos de sua própria cultura literária: "Leopardi nunca foi autor de minha predileção, creio que por razões profundas, porque não vejo o mundo com o desespero de Leopardi".[3] De fato, em Levi a experiência da destruição do humano se dá a ver com toda a sua claridade. Tão intensa que somos tentados a desviar o olhar para não queimar a vista. O desespero está ali, mas acaba eclipsado pelo esforço de tornar as coisas minimamente inteligíveis. Mais forte é o desejo de se aproximar o mais possível das cinzas, de conhecê-las e decifrá-las. Como Plínio, como o Ulisses de Dante evocado em *É isto um homem?*. A antinomia do conhecimento que, ao mesmo tempo que liberta, destrói.

Ao longo de toda a sua obra, o que parecia inominável se nomeia: com palavras que parecem cortadas na pedra e, por isso, têm uma força de duração e presença incomuns. Vindo de uma experiência infernal que emudeceu ou desarticulou para sempre não poucos sobreviventes, talvez o maior traço de Levi tenha sido justamente o de tornar dizível o que a muitas almas puras pareceria inefável, dar concretude e visibilidade ao "mundo às avessas" — como se referia a Auschwitz —, traduzir o horror absoluto em palavras claras, cristalinas, e às vezes até jocosas. (Aliás, o humor negro e autodepreciativo é um dos grandes patrimônios da cultura judaica; basta lembrar

[3] Ibid., p. 125.

o dito chistoso que circulava no *Lager*, referido por Levi: "Daqui só se sai pela chaminé".)

De fato, esta é uma poesia animada por uma série de retomadas, de "conversas" intercambiáveis as quais, à medida que os anos passam, aparecem, desaparecem, ressurgem modificadas. Algo que pode ser igualmente identificado em sua própria produção em prosa, com os livros de ficção e não ficção em larga medida emprestando uns aos outros seus temas e sua visão de mundo:

> O percurso literário de Levi não é linear nem pode ser representado por uma linha ascendente ou descendente: ele é sobretudo circular, cíclico, feito de retomadas, abandonos e retornos, marcado por uma coexistência contínua de temas e motivos, ritmado por oposições e inquietudes [...]. Levi trabalha sobre uma série de variações, repetidas e aprofundadas com um cuidado matemático e combinatório dos mais rigorosos. Não só ele não esquece, mas quer que o leitor realize com ele reiteradamente o mesmo trajeto, as operações de uma mesma verificação, porque somente repetindo as provas é possível concluir que o experimento foi bem-sucedido, e até mesmo sugerir novas hipóteses. A guerra é eterna não só nas sociedades humanas, mas também nos domínios da criatividade, do pensamento, da literatura.[4]

Nos anos 1980, quando *Ad ora incerta* foi publicado, Levi deu uma entrevista a Giulio Nascimbeni em que afirmava: "Tenho a impressão de que a poesia em geral está se tornando um instrumento portentoso de contato humano", o que é

---

[4] Ernesto Ferrero, *Primo Levi: L'Écrivain au microscope*. Paris: Liana Levi, 2009, pp. 190-1.

simultaneamente a reiteração de seu pendor a uma literatura comunicativa e um elogio da forma breve.[5]

III

Ao selecionar os poemas deste volume e lhe dar o título de *Mil sóis*, imagem recorrente em muitos versos, procurei manter a ordem cronológica e "diarística" que Levi sempre lhes atribuiu e ressaltar aquilo que se poderia qualificar como sua *força de evidência*. A capacidade de distinguir com serenidade meridiana o mais específico mesmo ali onde tudo parece estar confundido na grande "zona cinzenta", magistralmente explorada em seu último livro, *Os afogados e os sobreviventes*, confirma esse "instrumento portentoso de contato humano" que é a literatura e a poesia.

Na repetição e na diferença que constituem os poemas aqui reunidos, Primo Levi se encaminha cada vez mais para um entendimento da experiência humana aberta, antropologicamente nova e inquietante, tal como foi se configurando nos contos de ficção pseudocientífica que escreveu e reuniu em *Histórias naturais*, *Vício de forma* e *Lilith*.[6] Daí a presença insistente de vários animais em sua obra mais tardia, um bestiário não muito distante das invenções de Kafka em suas narrativas breves, como "Josefina, a cantora" e "Discurso à academia".

Em outra entrevista,[7] Levi tenta explicar a Giovanni Tesio sua peculiar atenção aos animais: "É fruto de uma curiosidade insatisfeita [...]. Nos animais há o enorme e o minúsculo, a sabedoria e a loucura, a generosidade e a vileza. Cada um deles

---

[5] Marco Belpoliti, op. cit., p. 138. [6] Os três livros foram reunidos na edição brasileira *71 contos de Primo Levi* (intr. e trad. de Maurício Santana Dias. São Paulo: Companhia das Letras, 2005). [7] Publicada originalmente em "Tutto-Libri", 17 nov. 1984, com o título "Le occasioni? La memoria, un ponte, una ragnatella".

é uma metáfora, uma hipóstase de todos os vícios e de todas as virtudes dos homens".

Seguindo essa pista, é possível ler a frequente metáfora a que Levi recorria para expressar sua dupla natureza de químico e de escritor, a do "centauro", em uma chave mais vasta e de consequências imprevistas: a da presença inextirpável do animal em todo humano, ao Quíron maquiaveliano de *O príncipe*, pensado pelo filósofo Roberto Esposito no âmbito de uma biopolítica avant la lettre:

> O animal não é nem o grau mais baixo ao qual o ser humano regride quando se afasta de sua condição divina, como na antropologia humanística, nem seu estado provisório e primitivo, destinado a ser definitivamente superado pela ordem política, como na antropologia moderna. Ele é o fundo de energia natural presente em cada homem — aquilo de que ele retira a capacidade de defender-se e o ímpeto de prevalecer sobre os outros, o engenho sutil e o vigor primigênio. Entre humanidade e animalidade não se estende o abismo que, em Hobbes, separa os lobos do estado de natureza dos súditos do estado civil: o lobo faz parte do homem, assim como a natureza da civilização.[8]

Ao que o próprio Levi poderia corroborar com a seguinte fala:

> A violência de Auschwitz era de Estado, era planificada. Mas creio que refletir sobre a violência de então seja salutar a todos, em especial aos jovens. Penso que é realmente necessário refletir que, quando faltam a tolerância e a razão, porque tolerância e razão coincidem, se chega a Auschwitz.[9]

---

[8] Roberto Esposito, *Pensamento vivo: Origem e atualidade da filosofia italiana*. Trad. de Henrique Burigo. Belo Horizonte: Ed. UFMG, 2013, p. 64.
[9] Marco Belpoliti, op. cit., p. 168.

Sem desviar os olhos dessa natureza ambígua, reafirmada de modo impressionante na história de hoje, o autor de *É isto um homem?* ata nestes poemas as duas pontas de sua trajetória e lhe dá uma forma que, espero, permaneça gravada na memória de seus leitores.[10]

---

[10] Colaborou Leandro Sarmatz.

Em hora incerta
janeiro de 1946-junho de 1984

25 febbraio 1944

Vorrei credere qualcosa oltre,
Oltre che morte ti ha disfatta.
Vorrei poter dire la forza
Con cui desiderammo allora,
Noi già sommersi,
Di potere ancora una volta insieme
Camminare liberi sotto il sole.

9 gennaio 1946

25 de fevereiro de 1944

Queria acreditar em algo além,
Além da morte que a desfez.
Queria poder dizer a força
Com que outrora desejamos,
Nós, já submersos,
Poder mais uma vez juntos
Caminhar livremente sob o sol.

9 de janeiro de 1946

Il canto del corvo (I)

"Sono venuto di molto lontano
Per portare mala novella.
Ho superato la montagna,
Ho forato la nuvola bassa,
Mi sono specchiato il ventre nello stagno.
Ho volato senza riposo,
Per cento miglia senza riposo,
Per trovare la tua finestra,
Per trovare il tuo orecchio,
Per portarti la nuova trista
Che ti tolga la gioia del sonno,
Che ti corrompa il pane e il vino,
Che ti sieda ogni sera nel cuore."
    Così cantava turpe danzando,
    Di là dal vetro, sopra la neve.
    Come tacque, guardò maligno,
    Segnò col becco il suolo in croce
    E tese aperte le ali nere.

9 gennaio 1946

O canto do corvo (I)

"Eu cheguei de muito longe
Para trazer a má notícia.
Passei por cima da montanha,
Atravessei a nuvem baixa,
Espelhei no pântano meu ventre.
Voei sem descanso,
Por cem milhas sem descanso,
Para encontrar sua janela,
Para encontrar seu ouvido,
Para trazer-lhe a terrível nova
Que lhe tire a alegria do sono,
Que lhe corrompa o pão e o vinho,
Que se assente à noite em seu coração."
    Assim cantava torpe dançando,
    Atrás da vidraça, sobre a neve.
    Ao se calar, olhou maligno,
    Riscou com o bico o solo em cruz
    E estendeu as asas negras.

9 de janeiro de 1946

Shemà*

Voi che vivete sicuri
Nelle vostre tiepide case,
Voi che trovate tornando a sera
Il cibo caldo e visi amici:

    Considerate se questo è un uomo,
    Che lavora nel fango
    Che non conosce pace
    Che lotta per mezzo pane
    Che muore per un sì o per un no.
    Considerate se questa è una donna,
    Senza capelli e senza nome
    Senza più forza di ricordare
    Vuoti gli occhi e freddo il grembo
    Come una rana d'inverno.

Meditate che questo è stato:
Vi comando queste parole.
Scolpitele nel vostro cuore
Stando in casa andando per via,
Coricandovi alzandovi:
Ripetetele ai vostri figli.
O vi si sfaccia la casa,
La malattia vi impedisca,
I vostri nati torcano il viso da voi.

10 gennaio 1946

---

* Significa "Escuta!", em hebraico. É a primeira palavra da prece fundamental do judaísmo, em que se afirma a unidade de Deus. Alguns versos deste poema são uma paráfrase dela. [N.A.]

Shemà

Vós que viveis seguros
Em vossas casas aquecidas
Vós que achais voltando à noite
Comida quente e rostos amigos:

    Considerai se isto é um homem,
    Que trabalha na lama
    Que não conhece paz
    Que luta por um naco de pão
    Que morre por um sim ou por um não.
    Considerai se isto é uma mulher,
    Sem cabelos e sem nome
    Sem mais força de recordar
    Vazios os olhos e frio o ventre
    Como uma rã no inverno.

Meditai que isto aconteceu:
Vos comando estas palavras.
Gravai-as em vossos corações
Estando em casa, caminhando na rua,
Deitando, levantando:
Repeti-las a vossos filhos.
Ou que vossa casa se desfaça,
A doença vos impeça,
Vossa prole desvie o rosto de vós.

10 de janeiro de 1946

Alzarsi

Sognavamo nelle notti feroci
Sogni densi e violenti
Sognati con anima e corpo:
Tornare; mangiare; raccontare.
Finché suonava breve e sommesso
Il comando dell'alba:
        "Wstawać":*
E si spezzava in petto il cuore.

Ora abbiamo ritrovato la casa,
Il nostro ventre è sazio,
Abbiamo finito di raccontare.
È tempo. Presto udremo ancora
Il comando straniero:
        "Wstawać".

11 gennaio 1946

---

* *Wstawać* significa "levantar", em polonês. [N.A.]

Levantar

Sonhávamos nas noites ferozes
Sonhos densos e violentos
Sonhados com corpo e alma:
Voltar; comer; contar.
Até que soava breve e abafado
O comando da aurora:
        "*Wstawać*";
E no peito o coração partia.

Agora reencontramos a casa,
Nosso ventre está saciado,
Terminamos de contar.
É tempo. Logo ouviremos de novo
O comando estrangeiro:
        "*Wstawać*".

11 de janeiro de 1946

Lunedì

Che cosa è più triste di un treno?
Che parte quando deve,
Che non ha che una voce,
Che non ha che una strada.
Niente è più triste di un treno.

O forse un cavallo da tiro.
È chiuso fra due stanghe,
Non può neppure guardarsi a lato.
La sua vita è camminare.

E un uomo? Non è triste un uomo?
Se vive a lungo in solitudine
Se crede che il tempo è concluso
Anche un uomo è una cosa triste.

17 gennaio 1946

Segunda-feira

O que é mais triste que um trem?
Que parte quando deve partir,
Que tem somente uma voz,
Que tem somente um caminho.
Nada é mais triste que um trem.

Ou talvez um burro de carga.
Está preso entre duas barras
E não pode olhar para o lado.
Sua vida é só caminhar.

E um homem? Não é triste um homem?
Se vive há muito em solidão,
Se acha que o tempo terminou,
Um homem também é coisa triste.

17 de janeiro de 1946

Il tramonto di Fòssoli*

Io so cosa vuol dire non tornare.
A traverso il filo spinato
Ho visto il sole scendere e morire;
Ho sentito lacerarmi la carne
Le parole del vecchio poeta:
"Possono i soli cadere e tornare:
A noi, quando la breve luce è spenta,
Una notte infinita è da dormire".

7 febbraio 1946

---

* Em Fòssoli, perto de Carpi, ficava o campo de triagem dos prisioneiros destinados à deportação. [N.A.]

Pôr do sol em Fòssoli

Eu sei o que quer dizer não voltar.
Através do arame farpado
Eu vi o sol declinar e morrer;
Senti as palavras do velho poeta
A lacerar minha carne:
"Possam os sóis decair e voltar:
Para nós, quando a breve luz se apaga,
Há que dormir uma noite infinita".*

7 de fevereiro de 1946

---

* Levi incorpora em seu poema os versos do poeta latino Catulo (*Liber* 5, 4-6): "*Soles occidere et redire possunt;/ nobis cum semel occidit brevis lux,/ nox est perpetua una dormienda*". [N.T.]

11 febbraio 1946

Cercavo te nelle stelle
Quando le interrogavo bambino.
Ho chiesto te alle montagne,
Ma non mi diedero che poche volte
Solitudine e breve pace.
Perché mancavi, nelle lunghe sere
Meditai la bestemmia insensata
Che il mondo era uno sbaglio di Dio,
Io uno sbaglio del mondo.
E quando, davanti alla morte,
Ho gridato di no da ogni fibra,
Che non avevo ancora finito,
Che troppo ancora dovevo fare,
Era perché mi stavi davanti,
Tu con me accanto, come oggi avviene,
Un uomo una donna sotto il sole.
Sono tornato perché c'eri tu.

11 febbraio 1946

11 de fevereiro de 1946

Buscava a ti nas estrelas
Quando as interrogava na infância.
Pedi por ti às montanhas,
Mas elas só raramente me deram
Solidão e breve paz.
Em tua ausência, nas longas noites
Concebi a blasfêmia insensata
De que o mundo era um erro de Deus,
Eu, um erro do mundo.
E quando, diante da morte,
Gritei que não com cada fibra,
Que ainda não tinha terminado,
Que muito ainda devia fazer,
Era porque estavas diante de mim,
Tu, comigo ao lado, como hoje ocorre,
Um homem uma mulher sob o sol.
Retornei porque tu estavas lá.

11 de fevereiro de 1946

Il ghiacciaio

Sostammo, e avventurammo lo sguardo
Giù per le verdi fauci dolenti,
E ci si sciolse il vigore nel petto
Come quando si perde una speranza.
Dentro gli dorme una forza triste:
E quando, nel silenzio della luna,
A notte rado stride e rugge,
È perché, nel suo letto di pietra,
Torpido sognatore gigante,
Lotta per rigirarsi e non può.

Avigliana, 15 marzo 1946

A geleira

Paramos, e aventuramos o olhar
Pelos verdes desfiladeiros dolentes,
E o vigor dissolveu-se em nosso peito
Como quando se perde uma esperança.
Dorme dentro dele uma força triste:
E quando, sob o silêncio lunar,
À noite esparso estride e ruge,
É porque em seu leito de pedra,
Entorpecido sonhador gigante,
Luta para revolver-se e não pode.

Avigliana, 15 de março de 1946

La strega

A lungo sotto le coltri
Si strinse contro il petto la cera
Finché divenne molle e calda.
Sorse allora, e con dolce cura,
Con amorosa paziente mano
Ne ritrasse l'effigie viva
Dell'uomo che le stava nel cuore.
Come finì, gettò sul fuoco
Foglie di quercia, di vite e d'olivo,
E l'immagine, che si struggesse.

Si sentì morire di pena
Perché l'incanto era avvenuto,
E solo allora poté piangere.

Avigliana, 23 marzo 1946

A bruxa

Há muito sob as cobertas
Estreitou contra o peito a cera
Até ficar mole e quente.
Surgiu então, e com doce zelo,
Com amorosa e paciente mão
Extraiu dela a efígie viva
Do homem que estava em seu coração.
Quando acabou, lançou ao fogo
Folhas de oliveira, carvalho e vinha,
E a imagem, que se destruísse.

Sentiu que morria de pena
Porque o encanto acontecera,
E só então pôde chorar.

Avigliana, 23 de março de 1946

Attesa

Questo è tempo di lampi senza tuono,
Questo è tempo di voci non intese,
Di sonni inquieti e di vigilie vane.
Compagna, non dimenticare i giorni
Dei lunghi facili silenzi,
Delle notturne amiche strade,
Delle meditazioni serene,
Prima che cadano le foglie,
Prima che il cielo si richiuda,
Prima che nuovamente ci desti,
Noto, davanti alle nostre porte,
Il percuotere di passi ferrati.

2 gennaio 1949

Espera

Este é um tempo de raios sem trovão,
Tempo de vozes incompreendidas,
De sonos inquietos e vigílias vãs.
Companheira, não se esqueça dos dias
De silêncios fáceis e demorados,
Das estradas noturnas e amigas,
Das meditações serenas,
Antes que as folhas caiam,
Antes que o céu se feche,
Antes que de novo nos desperte,
Conhecida, em frente às nossas portas,
A batida dos passos de ferro.

2 de janeiro de 1949

Epigrafe

O tu che segni, passeggero del colle,
Uno fra i molti, questa non più solitaria neve,
Porgimi ascolto: ferma per pochi istanti il tuo corso
Qui dove m'hanno sepolto, senza lacrime, i miei compagni:
Dove, per ogni estate, di me nutrita cresce
Più folta e verde che altrove l'erba mite del campo.
Da non molti anni qui giaccio io, Micca partigiano,
Spento dai miei compagni per mia non lieve colpa,
Né molti più ne avevo quando l'ombra mi colse.

Passeggero, non chiedo a te né ad altri perdono,
Non preghiera né pianto, non singolare ricordo.
Solo una cosa chiedo: che questa mia pace duri,
Che perenni su me s'avvicendino il caldo ed il gelo,
Senza che nuovo sangue, filtrato attraverso le zolle,
Penetri fino a me col suo calore funesto
Destando a nuova doglia quest'ossa oramai fatte pietra.

6 ottobre 1952

Epígrafe

Ó tu que riscas, caminhante da colina,
Um dentre tantos, esta neve não mais solitária,
Dá-me ouvidos: detém por uns instantes teu curso
Aqui onde me enterraram, sem lágrimas, meus companheiros:
Onde, em cada verão, de mim nutrida cresce
Mais densa e verde que alhures a relva tenra do campo.
Há não muitos anos aqui repouso, Micca, *partigiano*,
Morto pelos companheiros por minha não leve culpa,
Nem muitos mais eu tinha quando me colheu a sombra.

Caminhante, não peço a ti nem a outros o perdão,
Nem a prece nem o pranto, nem singular lembrança.
Peço somente uma coisa: que esta minha paz dure,
Que perenes sobre mim se sucedam calor e frio,
Sem que novo sangue, filtrado pelos torrões,
Penetre até mim com seu calor funesto
Despertando nova dor nestes ossos já empedrados.

6 de outubro de 1952

Il canto del corvo (II)*

"Quanti sono i tuoi giorni? Li ho contati:
Pochi e brevi, ognuno grave di affanni;
Dell'ansia della notte inevitabile,
Quando fra te e te nulla pone riparo;
Del timore dell'aurora seguente,
Dell'attesa di me che ti attendo,
Di me che (vano, vano fuggire!)
Ti seguirò ai confini del mondo,
Cavalcando sul tuo cavallo,
Macchiando il ponte della tua nave
Con la mia piccola ombra nera,
Sedendo a mensa dove tu siedi,
Ospite certo di ogni tuo rifugio,
Compagno certo di ogni tuo riposo.

Fin che si compia ciò che fu detto,
Fino a che la tua forza si sciolga,
Fino a che tu pure finisca
Non con un urto, ma con un silenzio,
Come a novembre gli alberi si spogliano,
Come si trova fermo un orologio."

22 agosto 1953

---

* Cf. T.S. Eliot, *The Waste Land*: "*This is the way the world ends/ Not with a bang but with a whimper*". [N.A.]

O canto do corvo (II)

"Quantos são os seus dias? Eu os contei:
Poucos e breves, todos de tormentos;
Dessa angústia da noite inevitável,
Quando a sós nada serve de anteparo;
Do temor da alvorada seguinte,
Da espera por mim, que o aguardo,
De mim, que (inútil, inútil fugir!)
Vou persegui-lo até os confins do mundo,
Cavalgando sobre seu cavalo,
Manchando a ponte de sua nave
Com minha pequena sombra escura,
Sentando-me à mesa onde você se senta,
Hóspede sem falta dos seus refúgios,
Parceiro sem falta dos seus descansos.

Até que se cumpra o que foi dito,
Até que sua força se desfaça,
Até que você mesmo se acabe
Não com um baque, mas com um silêncio,
Como em novembro as árvores se despem,
Como se encontra parado um relógio."

22 de agosto de 1953

Erano cento

Erano cento uomini in arme.
Quando il sole sorse nel cielo,
Tutti fecero un passo avanti.
Ore passarono, senza suono:
Le loro palpebre non battevano.
Quando suonarono le campane,
Tutti mossero un passo avanti.
Così passò il giorno, e fu sera,
Ma quando fiorì in cielo la prima stella,
Tutti insieme, fecero un passo avanti.
"Indietro, via di qui, fantasmi immondi:
Ritornate alla vostra vecchia notte";
Ma nessuno rispose, e invece,
Tutti in cerchio, fecero un passo avanti.

1º marzo 1959

Eram cem

Eram cem homens em armas.
Quando o sol surgiu no céu,
Todos deram um passo à frente.
Horas passaram, sem som:
Suas pálpebras não tremiam.
Quando soaram os sinos,
Todos deram um passo à frente.
Assim passou o dia, e foi noite,
Mas quando no céu floriu a primeira estrela,
Todos juntos deram um passo à frente.
"Para trás, fora daqui, fantasmas imundos:
Retornem à sua velha noite";
Mas ninguém respondeu, ao contrário,
Todos em círculo deram um passo à frente.

1º de março de 1959

Per Adolf Eichmann

Corre libero il vento per le nostre pianure,
Eterno pulsa il mare vivo alle nostre spiagge.
L'uomo feconda la terra, la terra gli dà fiori e frutti:
Vive in travaglio e in gioia, spera e teme, procrea dolci figli.

... E tu sei giunto, nostro prezioso nemico,
Tu creatura deserta, uomo cerchiato di morte.
Che saprai dire ora, davanti al nostro consesso?
Giurerai per un dio? Quale dio?
Salterai nel sepolcro allegramente?
O ti dorrai, come in ultimo l'uomo operoso si duole,
Cui fu la vita breve per l'arte sua troppo lunga,
Dell'opera tua trista non compiuta,
Dei tredici milioni ancora vivi?

O figlio della morte, non ti auguriamo la morte.
Possa tu vivere a lungo quanto nessuno mai visse:
Possa tu vivere insonne cinque milioni di notti,
E visitarti ogni notte la doglia di ognuno che vide
Rinserrarsi la porta che tolse la via del ritorno,
Intorno a sé farsi buio, l'aria gremirsi di morte.

20 luglio 1960

Para Adolf Eichmann

Corre livre o vento por nossas planícies,
Eterno pulsa o mar vivo em nossas praias.
O homem semeia a terra, a terra lhe dá flores e frutos:
Vive em ânsia e alegria, espera e teme, procria ternos filhos.

... E você chegou, nosso precioso inimigo,
Você, criatura deserta, homem cercado de morte.
O que saberá dizer agora, diante de nossa assembleia?
Jurará por um deus? Mas que deus?
Saltará contente sobre o túmulo?
Ou se lamentará, como o homem operoso por fim se lamenta,
A quem a vida foi breve para tão longa arte,
De sua terrível arte incompleta,
Dos treze milhões que ainda vivem?

Ó filho da morte, não lhe desejamos a morte.
Que você viva tanto quanto ninguém nunca viveu:
Que viva insone cinco milhões de noites,
E que toda noite lhe visite a dor de cada um que viu
Encerrar-se a porta que barrou o caminho de volta,
O breu crescer em torno de si, o ar carregar-se de morte.

20 de julho de 1960

Approdo*

Felice l'uomo che ha raggiunto il porto,
Che lascia dietro sé mari e tempeste,
I cui sogni sono morti o mai nati;
E siede e beve all'osteria di Brema,
Presso al camino, ed ha buona pace.
Felice l'uomo come una fiamma spenta,
Felice l'uomo come sabbia d'estuario,
Che ha deposto il carico e si è tersa la fronte
E riposa al margine del cammino.
Non teme né spera né aspetta,
Ma guarda fisso il sole che tramonta.

10 settembre 1964

* Cf. H. Heine, *Buch der Lieder*, "Die Nordsee", Iln Zyklus, n. 9: "*Glücklich der Mann, der den Hafen erreicht hat...*". [N.A.]

Chegada

Feliz o homem que alcançou o porto,
Que deixa atrás de si mares e tormentas,
Cujos sonhos estão mortos ou jamais nasceram;
E se senta e bebe na taberna de Bremen,
Perto da lareira, e está em paz.
Feliz o homem como uma chama extinta,
Feliz o homem como areia de estuário,
Que depôs a carga e limpou a fronte
E repousa à beira do caminho.
Não teme nem espera nem aguarda,
Mas olha fixo o sol que se põe.

10 de setembro de 1964

Lilít

Lilít nostra seconda parente
Da Dio creata con la creta stessa
Che servì per Adamo.
Lilít dimora in mezzo alla risacca,
Ma emerge a luna nuova
E vola inquieta per le notti di neve
Irrisoluta fra la terra e il cielo.
Vola in volta ed in cerchio,
Fruscia improvvisa contro le finestre
Dove dormono i bimbi appena nati.
Li cerca, e cerca di farli morire:
Perciò sospenderai sui loro letti
Il medaglione con le tre parole.
Ma tutto è vano in lei: ogni sua voglia.
Si è congiunta con Adamo, dopo il peccato,
Ma di lei non son nati
Che spiriti senza corpo né pace.
Sta scritto nel gran libro
Che è donna bella fino alla cintura;
Il resto è fiamma fatua e luce pallida.

25 maggio 1965

Lilith*

Lilith, nossa segunda parente
Por Deus criada com a mesma argila
Que serviu para Adão.
Lilith habita em meio à ressaca,
Mas emerge na lua nova
E voa inquieta pelas noites de neve
Irresoluta entre a terra e o céu.
Voa em volta e em círculo,
Roça repentina contra as janelas
Onde dormem crianças recém-nascidas,
As procura e tenta fazer que morram:
Por isso erguerás sobre suas camas
O medalhão com as três palavras.
Mas nela tudo é vão: toda vontade.
Juntou-se a Adão depois do pecado,
Mas dela só nasceram
Espíritos sem corpo e sem paz.
No grande livro está escrito
Que é uma bela mulher até a cintura;
O resto é fogo-fátuo e luz mortiça.

25 de maio de 1965

* Sobre as lendas relativas a Lilith, veja-se o conto homônimo no volume *Lilít* (Turim: Einaudi, 1981). (Ed. bras.: *71 contos de Primo Levi*. Trad. e intr. de Maurício Santana Dias. São Paulo: Companhia das Letras, 2005, pp. 346-51.) [N.T.]

Nel principio*

Fratelli umani a cui è lungo un anno,
Un secolo un venerando traguardo,
Affaticati per il vostro pane,
Stanchi, iracondi, illusi, malati, persi;
Udite, e vi sia consolazione e scherno:
Venti miliardi d'anni prima d'ora,
Splendido, librato nello spazio e nel tempo,
Era un globo di fiamma, solitario, eterno,
Nostro padre comune e nostro carnefice,
Ed esplose, ed ogni mutamento prese inizio.
Ancora, di quest'una catastrofe rovescia
L'eco tenue risuona dagli ultimi confini.
Da quell'unico spasimo tutto è nato:
Lo stesso abisso che ci avvolge e ci sfida,
Lo stesso tempo che ci partorisce e travolge,
Ogni cosa che ognuno ha pensato,
Gli occhi di ogni donna che abbiamo amato,
E mille e mille soli, e questa
Mano che scrive.

13 agosto 1970

---

* *Bereshit*, "no princípio", é a primeira palavra da Bíblia. Sobre o bigue-bangue, referido no poema, veja-se o número da *Scientific American* de junho de 1970. [N.A.]

No princípio

Irmãos humanos a quem um ano é longo,
Um século, um alvo venerando,
Extenuados pelo seu sustento,
Cansados, iracundos, enfermos, perdidos;
Ouçam, e lhes valha de consolo e escárnio:
Vinte bilhões de anos antes de agora,
Esplêndido, suspenso no espaço e no tempo,
Havia um globo de fogo, solitário, eterno,
Nosso pai comum e nosso carnífice,
E explodiu, e toda mudança teve início.
Ainda desta catástrofe reversa
O eco tênue ressoa dos confins extremos.
Daquele único espasmo tudo veio:
O próprio abismo que nos cerca e desafia,
O próprio tempo que nos engendra e arrasta,
Tudo o que cada um já pensou,
Os olhos de cada mulher que amamos,
Milhares e milhares de sóis, e esta
Mão que escreve.

13 de agosto de 1970

Via Cigna

In questa città non c'è via più frusta.
È nebbia e notte; le ombre sui marciapiedi
Che il chiaro dei fanali attraversa
Come se fossero intrise di nulla, grumi
Di nulla, sono pure i nostri simili.
Forse non esiste più il sole.
Forse sarà buio sempre: eppure
In altre notti ridevano le Pleiadi.
Forse è questa l'eternità che ci attende:
Non il grembo del Padre, ma frizione,
Freno, frizione, ingranare la prima.
Forse l'eternità sono i semafori.
Forse era meglio spendere la vita
In una sola notte, come il fuco.

2 febbraio 1973

Rua Cigna

Nesta cidade não há rua mais gasta.
Névoa e noite; as sombras nas calçadas
Que a luz dos faróis atravessa
Como se fossem entranhadas de nada, grumos
De nada, são ainda nossos semelhantes.
Talvez o sol já não exista.
Talvez o escuro seja pra sempre: no entanto
Noutras noites as Plêiades riam.
Talvez seja esta a nossa eternidade:
Não o colo do Pai, mas fricção,
Freio, fricção, engrenar a primeira.
Talvez a eternidade sejam os semáforos.
Talvez fosse melhor gastar a vida
Numa só noite, feito o zangão.

2 de fevereiro de 1973

Le stelle nere*

Nessuno canti più d'amore o di guerra.

L'ordine donde il cosmo traeva nome è sciolto;
Le legioni celesti sono un groviglio di mostri,
L'universo ci assedia cieco, violento e strano.
Il sereno è cosparso d'orribili soli morti,
Sedimenti densissimi d'atomi stritolati.
Da loro non emana che disperata gravezza,
Non energia, non messaggi, non particelle, non luce;
La luce stessa ricade, rotta dal proprio peso,
E tutti noi seme umano viviamo e moriamo per nulla,
E i cieli si convolgono perpetuamente invano.

30 novembre 1974

---

* Cf. *Scientific American*, dezembro de 1974. [N.A.]

Estrelas negras

Ninguém mais cante o amor ou a guerra.

A ordem de onde o cosmo ganhava nome se desfez;
As legiões celestes são um emaranhado de monstros,
O universo nos assedia cego, violento e estranho.
O sereno está salpicado de horrendos sóis mortos,
Densos sedimentos de átomos triturados.
Deles emana apenas um desesperado peso,
Não energia, não mensagens, não partículas, não luz;
A própria luz desaba, rompida por sua gravidade,
E nós, germe humano, vivemos e morremos para nada,
E os céus se revolvem perpetuamente em vão.

30 de novembro de 1974

Congedo

Si è fatto tardi, cari;
Così non accetterò da voi pane né vino
Ma soltanto qualche ora di silenzio,
I racconti di Pietro il pescatore,
Il profumo muschiato di questo lago,
L'odore antico dei sarmenti bruciati,
Lo squittire pettegolo dei gabbiani,
L'oro gratis dei licheni sui coppi,
E un letto, per dormirci solo.
In cambio, vi lascerò versi nebbich* come questi,
Fatti per essere letti da cinque o sette lettori:
Poi andremo, ciascuno dietro alla sua cura,
Poiché, come dicevo, si è fatto tardi.

Anguillara, 28 dicembre 1974

---

* *Nebbich* é vocábulo iídiche. Significa "tolo, inútil, inepto". [N.A.]

Despedida

Ficou tarde, meus caros;
Por isso não vou aceitar pão ou vinho de vocês,
Somente umas horas de silêncio,
As histórias de Pedro, o pescador,
O perfume de musgo deste lago,
O cheiro antigo dos sarmentos queimados,
O grasnido falastrão das gaivotas,
O ouro grátis dos líquens nas telhas
E uma cama para dormir sozinho.
Em troca, lhes deixarei versos *nebbich* como estes,
Feitos para serem lidos por cinco ou sete leitores:
Depois seguiremos, cada um por si,
Pois, como eu dizia, ficou tarde.

Anguillara, 28 de dezembro de 1974

Plinio*

Non trattenetemi, amici, lasciatemi salpare.
Non andrò lontano: solo fino all'altra sponda;
Voglio osservare da presso quella nuvola fosca
Che sorge sopra il Vesuvio ed ha forma di pino,
Scoprire d'onde viene questo chiarore strano.
Non vuoi seguirmi, nipote? Bene, rimani e studia;
Ricopiami le note che ti ho lasciate ieri.
La cenere non dovete temerla: cenere sopra cenere,
Cenere siamo noi stessi, non ricordate Epicuro?
Presto, approntate la nave, poiché già si fa notte,
Notte a mezzo meriggio, portento mai visto prima.
Non temere, sorella, sono cauto ed esperto,
Gli anni che m'hanno incurvato non sono passati invano.
Tornerò presto, certo, concedimi solo il tempo
Di traghettare, osservare i fenomeni e ritornare,
Tanto ch'io possa domani trarne un capitolo nuovo
Per i miei libri, che spero ancora vivranno
Quando da secoli gli atomi di questo mio vecchio corpo
Turbineranno sciolti nei vortici dell'universo
O rivivranno in un'aquila, in una fanciulla, in un fiore.
Marinai, obbedite, spingete la nave in mare.

23 maggio 1978

* Plínio, o Velho, morreu em 79 d.C., durante a erupção do Vesúvio que destruiu Pompeia e Herculano, por ter se aproximado demais do vulcão. [N.A.]

Plínio

Não me detenham, amigos, deixem-me zarpar.
Não irei longe: só até a outra margem;
Quero observar de perto aquela nuvem fosca
Que surge sobre o Vesúvio em forma de pinho,
Descobrir de onde vem esse claror estranho.
Não quer me seguir, sobrinho? Bem, fique e estude;
Recopie as notas que lhe passei ontem.
Não há que temer as cinzas: cinzas sobre cinzas,
Cinzas somos nós mesmos, não se lembram de Epicuro?
Vamos, aprontem as naves, que já se faz noite,
Noite ao meio-dia, portento nunca visto.
Não tema, irmã, sou cauteloso e experiente,
Os anos que me encurvaram não transcorreram em vão.
Voltarei logo, claro, só me dê o tempo
De ir, observar os fenômenos e voltar,
Para que eu possa amanhã somar um novo capítulo
Aos meus livros, que espero ainda viverão
Quando depois de séculos os átomos de meu velho corpo
Turbilhonarem soltos nos vórtices do universo
Ou reviverão numa águia, numa menina, numa flor.
Marinheiros, obedeçam, empurrem a nave ao mar.*

23 de maio de 1978

---

* Alusão clara ao Ulisses de Dante. Cf. *Divina comédia*, *Inferno*, canto XXVI. [N.T.]

La bambina di Pompei

Poiché l'angoscia di ciascuno è la nostra
Ancora riviviamo la tua, fanciulla scarna
Che ti sei stretta convulsamente a tua madre
Quasi volessi ripenetrare in lei
Quando al meriggio il cielo si è fatto nero.
Invano, perché l'aria volta in veleno
È filtrata a cercarti per le finestre serrate
Della tua casa tranquilla dalle robuste pareti
Lieta già del tuo canto e del tuo timido riso.
Sono passati i secoli, la cenere si è pietrificata
A incarcerare per sempre codeste membra gentili.
Così tu rimani tra noi, contorto calco di gesso,
Agonia senza fine, terribile testimonianza
Di quanto importi agli dèi l'orgoglioso nostro seme.
Ma nulla rimane fra noi della tua lontana sorella,
Della fanciulla d'Olanda murata fra quattro mura
Che pure scrisse la sua giovinezza senza domani:
La sua cenere muta è stata dispersa dal vento,
La sua breve vita rinchiusa in un quaderno sgualcito.
Nulla rimane della scolara di Hiroshima,
Ombra confitta nel muro dalla luce di mille soli,
Vittima sacrificata sull'altare della paura.
Potenti della terra padroni di nuovi veleni,
Tristi custodi segreti del tuono definitivo,
Ci bastano d'assai le afflizioni donate dal cielo.
Prima di premere il dito, fermatevi e considerate.

20 novembre 1978

A menina de Pompeia

Já que a angústia de cada um é a nossa
Ainda revivemos a sua, menina descarnada
Que se estreitou convulsa à sua mãe
Como se quisesse retornar a ela
Quando ao meio-dia o céu empreteceu.
Em vão, pois o ar convertido em veneno
Infiltrou-se a buscá-la pelas janelas cerradas
De sua casa tranquila com paredes robustas
Antes alegre por seu canto e seu tímido riso.
Passaram-se os séculos, a cinza petrificou
Aprisionando para sempre esses membros gentis.
Assim você ficou entre nós, retorcido decalque de gesso,
Agonia sem fim, testemunha terrível
De quanto importa aos deuses nossa orgulhosa semente.
Mas nada entre nós permanece de sua irmã distante,
Da menina de Holanda murada entre quatro paredes
Que ali mesmo escreveu sua infância sem futuro:
Suas cinzas mudas se dispersaram no vento,
Sua vida breve encerrou-se num caderno gasto.
Nada permanece da estudante de Hiroshima,
Sombra entranhada no muro pela luz de mil sóis,
Vítima sacrificada sobre o altar do medo.
Poderosos da terra, donos de novos venenos,
Tristes guardiães secretos do trovão definitivo,
Já nos bastam em demasia as aflições dadas pelo céu.
Antes de apertar o botão, parem e reflitam.

20 de novembro de 1978

Huayna Capac*

Guai a te, messaggero, se menti al tuo vecchio sovrano.
Non esistono barche come quelle che tu descrivi,
Più grandi della mia reggia, sospinte dalla tempesta.
Non esistono questi draghi di cui tu deliri,
Corazzati di bronzo, folgoranti, dai piedi d'argento.
I tuoi guerrieri barbuti non ci sono. Sono fantasmi.
Li ha finti la tua mente, nella veglia o nel sonno,
O forse li ha mandati per ingannarti un dio:
Questo avviene sovente nei tempi calamitosi
Quando le antiche certezze perdono i loro contorni,
Si negano le virtù, la fede si discolora.
La peste rossa non viene da loro: c'era già prima,
Non è un portento, non è un presagio nefasto.
Non ti voglio ascoltare. Raduna i tuoi servi e parti,
Discendi per la valle, accorri sulla pianura;
Interponi il tuo scettro tra i fratellastri nemici
Figli del mio vigore, Huascar ed Atahualpa.
Fa' che cessi la guerra di che s'insanguina il regno,
Così che lo straniero astuto non se ne valga.
Oro, ti ha chiesto? Daglielo: cento some d'oro,
Mille. Se l'odio ha sconnesso questo impero del Sole,
L'oro inietterà l'odio nell'altra metà del mondo,
Là dove l'intruso tiene in culla i suoi mostri.
Donagli l'oro dell'Inca: sarà il più felice dei doni.

8 dicembre 1978

* Huayna Capac, imperador inca, morreu em 1527, logo após o primeiro desembarque de Francisco Pizarro em Tumbes. Diz-se que um mensageiro dele teria jantado a bordo da nave espanhola, e que Huayna Capac, já moribundo, teve notícia da chegada dos invasores. [N.A.]

Huayna Capac

Ai de ti, mensageiro, se mentir a teu velho soberano.
Não existem naves como essas que tu descreves,
Maiores que meu palácio, tangidas pela tempestade.
Não existem esses dragões com os quais deliras,
Couraçados de bronze, fulgurantes, dos pés de prata.
Teus guerreiros barbudos não existem. São fantasmas.
Tua mente os inventou, na vigília ou no sono,
Ou talvez os enviou para enganar-te um deus:
Isso ocorre com frequência em tempos calamitosos
Quando as antigas certezas perdem seus contornos,
As virtudes são negadas, a fé se descolore.
A peste vermelha não vem deles: existia antes,
Não é um portento, não é um preságio nefasto.
Não quero mais ouvir-te. Reúne teus servos e parte,
Desce pelo vale, acorre na planície;
Interpõe teu cetro entre os meios-irmãos inimigos
Filhos de meu vigor, Huascar e Atahualpa.
Faz cessar a guerra que suja de sangue o reino,
De modo que o estrangeiro astuto não se aproveite.
Ouro, ele te pede? Dá-lhe: cem partes de ouro,
Mil. Se o ódio desbaratou este império do Sol,
O ouro injetará o ódio na outra metade do mundo,
Lá onde o intruso mantém no berço seus monstros.
Doa-lhes o ouro dos incas: será o mais feliz dos dons.

8 de dezembro de 1978

Annunciazione

Non sgomentarti, donna, della mia forma selvaggia:
Vengo di molto lontano, in volo precipitoso;
Forse i turbini m'hanno scompigliato le piume.
Sono un angelo, sì, non un uccello da preda;
Un angelo, ma non quello delle vostre pitture,
Disceso in altro tempo a promettere un altro Signore.
Vengo a portarti novella, ma aspetta, che mi si plachi
L'ansimare del petto, il ribrezzo del vuoto e del buio.
Dorme dentro di te chi reciderà molti sonni;
È ancora informe, ma presto ne vezzeggerai le membra.
Avrà virtù di parola ed occhi di fascinatore,
Predicherà l'abominio, sarà creduto da tutti.
Lo seguiranno a schiere baciando le sue orme,
Giubilanti e feroci, cantando e sanguinando.
Porterà la menzogna nei più lontani confini,
Evangelizzerà con la bestemmia e la forca.
Dominerà nel terrore, sospetterà veleni
Nell'acqua delle sorgenti, nell'aria degli altipiani,
Vedrà l'insidia negli occhi chiari dei nuovi nati.
Morrà non sazio di strage, lasciando semenza d'odio.
È questo il germe che cresce di te. Rallegrati, donna.

22 giugno 1979

Anunciação

Não te espantes, mulher, com minha forma selvagem:
Venho de muito longe, em voo vertiginoso;
Talvez a voragem me tenha desarrumado as penas.
Sou um anjo, sim, não ave de rapina;
Um anjo, mas não aquele de vossas pinturas,
Descido noutros tempos a prometer outro Senhor.
Venho trazer-te uma nova, mas espera que se aplaque
O peito opresso, o asco do vazio e do escuro.
Dorme em teu ventre quem ceifará muitos sonos;
É ainda informe, mas logo lhe acariciarás os membros.
Terá virtude de palavras e olhos de encantador,
Pregará a abominação, será acreditado por todos.
Fileiras o seguirão beijando seu rastro,
Jubilosas e ferozes, cantando e sangrando.
Levará a mentira aos confins mais remotos,
Evangelizará com a blasfêmia e a forca.
Dominará no terror, suspeitará de venenos
Na água das fontes, no ar dos planaltos,
Verá insídia nos olhos claros dos recém-nascidos.
Morrerá insaciado de chacinas, deixando semente de ódio.
É este o germe que cresce de ti. Alegra-te, mulher.

22 de junho de 1979

Verso valle

Arrancano i carriaggi verso valle,
Ristagna il fumo degli sterpi, glauco ed amaro,
Un'ape, l'ultima, scandaglia invano i colchici;
Lente, turgide d'acqua, scoscendono le frane.
La nebbia sale fra i larici rapida, come chiamata:
Invano l'ho inseguita col mio passo greve di carne,
Presto ricadrà in pioggia: la stagione è finita,
La nostra metà del mondo naviga verso l'inverno.
E presto avranno fine tutte le nostre stagioni:
Fin quando mi obbediranno queste buone membra?
È fatto tardi per vivere e per amare,
Per penetrare il cielo e per comprendere il mondo.
È tempo di discendere
Verso valle, con visi chiusi e muti,
A rifugiarci all'ombra delle nostre cure.

5 settembre 1979

Rumo ao vale

Arrancam as carroças rumo ao vale,
Estanca a fumaça das sarças, glauca e amarga,
Uma abelha, a última, vasculha em vão a cúrcuma;
Lentas, inchadas de água, as encostas desabam.
A névoa sobe rápida entre os lariços, como invocada:
Em vão a persegui com o passo pesado de carne,
Logo tornará a descer em chuva: a estação terminou,
Nossa metade do mundo navega para o inverno.
E logo terão fim todas as nossas estações:
Até quando estas minhas pernas vão me obedecer?
Ficou tarde para viver e amar,
Para penetrar o céu e compreender o mundo.
É tempo de descer
Rumo ao vale, os rostos fechados e mudos,
E nos refugiar à sombra de nossos zelos.

5 de setembro de 1979

Cuore di legno

Il mio vicino di casa è robusto.
É un ippocastano di corso Re Umberto;
Ha la mia età ma non la dimostra.
Alberga passeri e merli, e non ha vergogna,
In aprile, di spingere gemme e foglie,
Fiori fragili a maggio,
A settembre ricci dalle spine innocue
Con dentro lucide castagne tanniche.
È un impostore, ma ingenuo: vuole farsi credere
Emulo del suo bravo fratello di montagna
Signore di frutti dolci e di funghi preziosi.
Non vive bene. Gli calpestano le radici
I tram numero otto e diciannove
Ogni cinque minuti; ne rimane intronato
E cresce storto, come se volesse andarsene.
Anno per anno, succhia lenti veleni
Dal sottosuolo saturo di metano;
È abbeverato d'orina di cani,
Le rughe del suo sughero sono intasate
Dalla polvere settica dei viali;
Sotto la scorza pendono crisalidi
Morte, che non saranno mai farfalle.
Eppure, nel suo tardo cuore di legno
Sente e gode il tornare delle stagioni.

10 maggio 1980

Coração de madeira

É robusto o meu vizinho de casa.
Um castanheiro da avenida Re Umberto;
Tem minha idade, mas não parece.
Abriga pardais e melros e não tem vergonha,
Em abril, de expelir brotos e folhas,
Flores frágeis em maio,
Em setembro cachos de inócuos espinhos
Com lustrosas castanhas tânicas dentro.
É um impostor, mas ingênuo: quer fazer-se passar
Por êmulo de seu bravo irmão da montanha,
Senhor de frutos doces e fungos preciosos.
Não vive bem. Pisam-lhe as raízes
As linhas oito e dezenove do bonde
A cada cinco minutos; ele fica aturdido
E cresce torto, como se quisesse ir embora.
Ano a ano, sorve lentos venenos
Do subsolo saturado de metano;
Embebido da urina dos cães,
As rugas de sua cortiça se entopem
Com o pó séptico das alamedas;
Sob sua casca pendem crisálidas
Mortas, que nunca serão borboletas.
Todavia, em seu tardo coração de madeira,
Sente e goza o tornar das estações.

10 de maio de 1980

12 luglio 1980

Abbi pazienza, mia donna affaticata,
Abbi pazienza per le cose del mondo,
Per i tuoi compagni di viaggio, me compreso,
Dal momento che ti sono toccato in sorte.
Accetta, dopo tanti anni, pochi versi scorbutici
Per questo tuo compleanno rotondo.
Abbi pazienza, mia donna impaziente,
Tu macinata, macerata, scorticata,
Che tu stessa ti scortichi un poco ogni giorno
Perché la carne nuda ti faccia più male.
Non è più tempo di vivere soli.
Accetta, per favore, questi 14 versi,
Sono il mio modo ispido di dirti cara,
E che non starei al mondo senza te.

12 luglio 1980

12 de julho de 1980

Tenha paciência, minha mulher tão fatigada,
Tenha paciência com as coisas do mundo,
Com seus companheiros de viagem, eu inclusive,
Uma vez que eu lhe coube em sorte.
Aceite, após tantos anos, estes versos intratáveis
Pelo seu aniversário redondo.
Tenha paciência, minha mulher impaciente,
Você triturada, macerada, esfolada,
Você que se esfola um pouco a cada dia
Para que a carne viva lhe doa mais.
Já não é tempo de vivermos sós.
Por favor, aceite estes catorze versos,
São meu modo áspero de lhe dizer querida,
E que eu não estaria no mundo sem você.

12 de julho de 1980

Schiera bruna*

Si potrebbe scegliere un percorso più assurdo?
In corso San Martino c'è un formicaio
A mezzo metro dai binari del tram,
E proprio sulla battuta della rotaia
Si dipana una lunga schiera bruna,
S'ammusa l'una con l'altra formica
Forse a spiar lor via e lor fortuna.
Insomma, queste stupide sorelle
Ostinate lunatiche operose
Hanno scavato la loro città nella nostra,
Tracciato il loro binario sul nostro,
E vi corrono senza sospetto
Infaticabili dietro i loro tenui commerci
Senza curarsi di
          Non lo voglio scrivere,
Non voglio scrivere di questa schiera,
Non voglio scrivere di nessuna schiera bruna.

13 agosto 1980

---

* Cf. *Purgatório*, canto XXVI, 34. [N.A.]

Fileira escura

Era possível escolher percurso mais absurdo?
Na avenida San Martino há um formigueiro
A meio metro dos trilhos do bonde,
E justo na junção da linha férrea
Estende-se longa fileira escura,
Topa uma com outra formiga
Talvez a espiar sua via e sua sorte.
Enfim, essas estúpidas irmãs
Obstinadas lunáticas ativas
Escavaram sua cidade na nossa,
Traçaram seus trilhos sobre os nossos,
E neles correm sem suspeita
Incansáveis atrás de seus tênues comércios
Sem se preocupar com
              Não quero escrever,
Não quero escrever sobre essa fileira,
Não quero escrever sobre nenhuma fileira escura.

13 de agosto de 1980

Autobiografia

Un tempo io fui già fanciullo e fanciulla, arbusto,
uccello e muto pesce che salta fuori dal mare.

(da un frammento di Empedocle)

Sono vecchio come il mondo, io che vi parlo.
Nel buio degli inizi
Ho brulicato per le fosse cieche del mare,
Cieco io stesso: ma già desideravo la luce
Quando ancora giacevo nella putredine del fondo.
Ho ingurgitato il sale per mille minime gole;
Fui pesce, pronto e viscido. Ho eluso agguati,
Ho mostrato ai miei nati i tramiti sghembi del granchio.
Alto più di una torre, ho fatto oltraggio al cielo,
All'urto del mio passo tremavano le montagne
E la mia mole bruta ostruiva le valli:
Le rocce del vostro tempo recano ancora
Il sigillo incredibile delle mie scaglie.
Ho cantato alla luna il liquido canto del rospo,
E la mia fame paziente ha traforato il legno.
Cervo impetuoso e timido
Ho corso boschi oggi cenere, lieto della mia forza.
Fui cicala ubriaca, tarantola astuta e orrenda,
E salamandra e scorpione ed unicorno ed aspide.
Ho sofferto la frusta
E caldi e geli e la disperazione del giogo,
La vertigine muta dell'asino alla mola.
Sono stato fanciulla, esitante alla danza;
Geometra, ho investigato il segreto del cerchio

Autobiografia

*Outrora fui menino e menina, arbusto,
pássaro e peixe mudo que salta do mar.*

(de um fragmento de Empédocles)

Sou velho como o mundo, eu que lhes falo.
Nas trevas do início
Borbulhei pelas fossas cegas do mar,
Eu mesmo cego: mas já desejava a luz
Quando ainda jazia na podridão do fundo.
Engoli o sal por mil mínimas gargantas;
Fui peixe ágil e viscoso. Evitei emboscadas,
Mostrei a meus filhos os meios tortos do caranguejo.
Mais alto que uma torre, ultrajei o céu,
Ao choque de meus passos, montanhas tremiam
E minha feia desmesura obstruía os vales:
As rochas do seu tempo trazem ainda
O sinete incrível de minhas escamas.
Cantei à lua o canto líquido do sapo,
E minha paciente fome perfurou o lenho.
Cervo impetuoso e tímido
Corri bosques hoje cinzas, feliz de minha força.
Fui cigarra embriagada, tarântula astuta e horrenda,
E salamandra e escorpião e unicórnio e áspide.
Sofri a chibata,
Calores e frios e o desespero do jugo,
A vertigem muda do asno ao moinho.
Fui menina, hesitante na dança;
Geômetra, investiguei o segredo do círculo ›

E le vie dubbie delle nubi e dei venti:
Ho conosciuto il pianto e il riso e molte veneri.
Perciò non irridetemi, uomini d'Agrigento,
Se questo vecchio corpo è inciso di strani segni.

12 novembre 1980

E as vias dúbias de nuvens e ventos:
Conheci o pranto e o riso e muitas vênus.
Por isso não riam de mim, homens de Agrigento,
Se este velho corpo está marcado por estranhos sinais.

12 de novembro de 1980

Voci

Voci mute da sempre, o da ieri, o spente appena;
Se tu tendi l'orecchio ancora ne cogli l'eco.
Voci rauche di chi non sa più parlare,
Voci che parlano e non sanno più dire,
Voci che credono di dire,
Voci che dicono e non si fanno intendere:
Cori e cimbali per contrabbandare
Un senso nel messaggio che non ha senso,
Puro brusio per simulare
Che il silenzio non sia silenzio.
A vous parle, compaings de galles:*
Dico per voi, compagni di baldoria
Ubriacati come me di parole,
Parole-spada e parole-veleno,
Parole-chiave e grimaldello,
Parole-sale, maschera e nepente.
Il luogo dove andiamo è silenzioso
O sordo. È il limbo dei soli e dei sordi.
     L'ultima tappa devi correrla sordo,
     L'ultima tappa devi correrla solo.

10 febbraio 1981

---

* Cf. F. Villon, *Le Testament*, v. 1720. [N.A.]

Vozes

Vozes mudas desde sempre, ou de ontem, ou recém-extintas;
Se apurar o ouvido ainda vai notar seu eco.
Vozes roucas de quem já não sabe falar,
Vozes que falam e já não sabem dizer,
Vozes que creem dizer,
Vozes que dizem e não se fazem entender:
Coros e címbalos para contrabandear
Um sentido à mensagem que não tem sentido,
Puro rumor para simular
Que o silêncio não é silêncio.
A vous parle, compaings de galles:
Digo a vocês, companheiros de farras
Embriagados como eu de palavras,
Palavras-espada e palavras-veneno
Palavras-chave e gazua,
Palavras-sal, máscara e nepente.
O lugar aonde vamos é silencioso
Ou surdo. É o limbo dos solitários e surdos.
      A última etapa deve percorrê-la surdo.
      A última etapa deve percorrê-la só.

10 de fevereiro de 1981

Le pratiche inevase

Signore, a fare data dal mese prossimo
Voglia accettare le mie dimissioni
E provvedere, se crede, a sostituirmi.
Lascio molto lavoro non compiuto,
Sia per ignavia, sia per difficoltà obiettive.
Dovevo dire qualcosa a qualcuno,
Ma non so più che cosa e a chi: l'ho scordato.
Dovevo anche dare qualcosa,
Una parola saggia, un dono, un bacio;
Ho rimandato da un giorno all'altro. Mi scusi,
Provvederò nel poco tempo che resta.
Ho trascurato, temo, clienti di riguardo.
Dovevo visitare
Città lontane, isole, terre deserte;
Le dovrà depennare dal programma
O affidarle alle cure del successore.
Dovevo piantare alberi e non l'ho fatto;
Costruirmi una casa,
Forse non bella, ma conforme a un disegno.
Principalmente, avevo in animo un libro
Meraviglioso, caro signore,
Che avrebbe rivelato molti segreti,
Alleviato dolori e paure,
Sciolto dubbi, donato a molta gente
Il beneficio del pianto e del riso.
Ne troverà la traccia nel mio cassetto,
In fondo, tra le pratiche inevase;
Non ho avuto tempo per svolgerla. È peccato,
Sarebbe stata un'opera fondamentale.

19 aprile 1981

Medidas não despachadas

Senhor, a partir do próximo mês
Queira aceitar minha demissão
E proceder, se assim for, à minha substituição.
Deixo muito trabalho incompleto,
Seja por ignávia ou dificuldades objetivas.
Precisava dizer algo a alguém,
Mas não sei mais o que e a quem: esqueci.
Precisava também dar alguma coisa,
Uma palavra sábia, um presente, um beijo;
Posterguei de um dia a outro. Me desculpe,
Cuidarei disso no pouco tempo que resta.
Negligenciei, temo, clientes de respeito.
Precisava visitar
Cidades distantes, ilhas, terras desertas;
Deverá excluí-las do programa
Ou confiá-las aos cuidados de meu sucessor.
Precisava plantar árvores e não o fiz;
Construir uma casa para mim,
Talvez não bonita, mas conforme a um desenho.
Acima de tudo, tinha em mente um livro
Maravilhoso, prezado senhor,
Que teria revelado muitos segredos,
Aliviado dores e medos,
Dirimido dúvidas, dado a muita gente
O benefício do choro e do riso.
Encontrará restos dele em minha gaveta,
Ao fundo, entre as medidas não despachadas.
Não tive tempo de desenvolvê-lo. Uma pena,
Teria sido uma obra fundamental.

19 de abril de 1981

*Partigia**

Dove siete, partigia di tutte le valli,
Tarzan, Riccio, Sparviero, Saetta, Ulisse?
Molti dormono in tombe decorose,
Quelli che restano hanno i capelli bianchi
E raccontano ai figli dei figli
Come, al tempo remoto delle certezze,
Hanno rotto l'assedio dei tedeschi
Là dove adesso sale la seggiovia.
Alcuni comprano e vendono terreni,
Altri rosicchiano la pensione dell'INPS
O si raggrinzano negli enti locali.
In piedi, vecchi: per noi non c'è congedo.
Ritroviamoci. Ritorniamo in montagna,
Lenti, ansanti, con le ginocchia legate,
Con molti inverni nel filo della schiena.
Il pendio del sentiero ci sarà duro,
Ci sarà duro il giaciglio, duro il pane.
Ci guarderemo senza riconoscerci,
Diffidenti l'uno dell'altro, queruli, ombrosi.
Come allora, staremo di sentinella
Perché nell'alba non ci sorprenda il nemico.
Quale nemico? Ognuno è nemico di ognuno,
Spaccato ognuno dalla sua propria frontiera,
La mano destra nemica della sinistra.
In piedi, vecchi, nemici di voi stessi:
La nostra guerra non è mai finita.

23 luglio 1981

* Trata-se da abreviação que circulou no Piemonte (como dizer "Juve" por "Juventus") para designar o *partigiano*, com a conotação de "destemido, decidido, rápido no gatilho". [N.A.]

Partigia

Onde vocês estão, *partigia* desses vales,
Tarzan, Riccio, Sparviero, Saetta, Ulisses?
Muitos dormem em túmulos decentes,
Os que restam estão de cabelos brancos
E contam aos filhos dos filhos
Como, no tempo remoto das certezas,
Romperam o assédio dos alemães
Ali onde hoje sobe o teleférico.
Alguns compram e vendem terrenos,
Outros vão roendo a pensão do INPS
Ou se encarquilham em repartições públicas.
De pé, velhos: para nós não há dispensa.
Nos reencontremos. Voltemos à montanha,
Lentos, arfantes, com os joelhos entrevados,
Com muitos invernos nas costas.
A subida da trilha nos será dura,
Nos será duro o catre, duro o pão.
Nos olharemos sem nos reconhecermos,
Desconfiados um do outro, ranzinzas, esquivos.
Como, então, ficaremos de sentinela
Para que na aurora não nos surpreenda o inimigo.
Que inimigo? Cada um é inimigo do outro,
Apartado cada um de sua própria fronteira,
A mão direita inimiga da esquerda.
De pé, velhos, inimigos de si mesmos:
Nossa guerra jamais terminou.

23 de julho de 1981

Aracne

Mi tesserò un'altra tela,
Pazienza. Ho pazienza lunga e mente corta,
Otto gambe e cent'occhi,
Ma mille filiere mammelle,
E non mi piace il digiuno
E mi piacciono le mosche e i maschi.
Riposerò quattro giorni, sette,
Rintanata dentro il mio buco,
Finché mi sentirò l'addome gravido
Di buon filo vischioso lucente,
E mi tesserò un'altra tela, conforme
A quella che tu passante hai lacerata,
Conforme al progetto impresso
Sul nastro minimo della mia memoria.
Mi siederò nel centro
E aspetterò che un maschio venga,
Sospettoso ma ubriaco di voglia,
A riempirmi ad un tempo
Lo stomaco e la matrice.
Feroce ed alacre, appena sia fatto buio,
Presto presto, nodo su nodo,
Mi tesserò un'altra tela.

29 ottobre 1981

Aracne

Tecerei outra teia para mim,
Paciência. Tenho paciência longa e mente curta,
Oito pernas e cem olhos,
Mas mil tetas fieiras,
E não me apraz o jejum
E gosto de moscas e machos.
Repousarei quatro dias, sete,
Entocada em meu buraco,
Até sentir meu abdome grávido
De bom fio viscoso reluzente,
E tecerei outra teia, conforme
Àquela que você rasgou, passante,
Conforme ao projeto impresso
Na fita mínima de minha memória.
Sentarei no centro
E aguardarei que um macho venha,
Suspeitoso, mas ébrio de vontade,
Encher-me a um só tempo
O estômago e a matriz.
Feroz e incansável, assim que se fizer escuro,
Logo, logo, nó sobre nó,
Tecerei outra teia para mim.

29 de outubro de 1981

Vecchia talpa*

Che c'è di strano? Il cielo non mi piaceva,
Così ho scelto di vivere solo e al buio.
Mi sono fatte mani buone a scavare,
Concave, adunche, ma sensitive e robuste.
Ora navigo insonne
Impercettibile sotto i prati,
Dove non sento mai freddo né caldo
Né vento pioggia giorno notte neve
E dove gli occhi non mi servono più.
Scavo e trovo radici succulente,
Tuberi, legno fradicio, ife di funghi,
E se un macigno mi ostruisce la via
Lo aggiro, con fatica ma senza fretta,
Perché so sempre dove voglio andare.
Trovo lombrichi, larve e salamandre,
Una volta un tartufo,
Altra volta una vipera, buona cena,
E tesori sepolti da chissà chi.
In altri tempi seguivo le femmine,
E quando ne sentivo una grattare
Mi scavavo la via verso di lei:
Ora non più; se capita, cambio strada.
Ma a luna nuova mi prende il morbino,
E allora qualche volta mi diverto
A sbucare improvviso per spaventare i cani.

22 settembre 1982

* Cf. *Hamlet, Prince of Denmark*, ato I, cena 3 ("*old mole*"). [N.A.]

Velha toupeira

O que há de estranho? Eu não gostava do céu,
Então decidi viver só e no escuro.
Criei mãos boas para cavar,
Côncavas, aduncas, mas sensíveis e robustas.
Agora navego insone
Imperceptível sob os campos,
Onde nunca sinto calor nem frio
Nem vento chuva dia noite neve
E onde os olhos já não me servem.
Escavo e encontro raízes suculentas,
Tubérculos, lenho úmido, hifas de fungos,
E se uma pedra me bloqueia a via
A contorno, com esforço mas sem pressa,
Porque sempre sei aonde quero ir.
Acho minhocas, larvas e lagartos,
Às vezes uma trufa,
Às vezes uma cobra, boa ceia,
E tesouros enterrados sabe-se lá por quem.
Noutros tempos perseguia as fêmeas
E, quando escutava uma a raspar,
Escavava uma trilha até ela:
Agora não mais; se acontece, mudo de rota.
Mas na lua nova me dá um troço
E aí às vezes eu me divirto
Despontando de repente pra assustar os cães.

22 de setembro de 1982

Un ponte

Non è come gli altri ponti,
Che reggono alla nevicata dei secoli
Perché le mandrie vadano per acqua e pascolo
O passi la gente in festa da luogo a luogo.
Questo è un ponte diverso,
Che gode se ti fermi a mezzo cammino
E scandagli il profondo e ti domandi se
Metta conto di vivere l'indomani.
È sordamente vivo
E non ha pace mai,
Forse perché dal cavo del suo pilastro
Filtra lento in veleno
Un malefizio vecchio che non descrivo;
O forse, come si narra a veglia,
Perché è frutto di un patto scellerato.
Perciò qui non vedrai mai la corrente
Rispecchiare tranquilla la sua campata,
Ma solo onde crespe e vortici.
Perciò lima se stesso in sabbia,
E stride pietra contro pietra,
E preme preme preme contro le sponde
Per spaccare la crosta della terra.

25 novembre 1982

Uma ponte

Não é como as outras pontes,
Que aguentam a nevasca dos séculos
Para que rebanhos rumem a pasto e água
Ou gente em festa passe de ponto a ponto.
Esta é uma ponte diferente,
Que goza se você para a meio caminho
E vasculha a profundeza e se pergunta se
Leva em conta viver amanhã.
É surdamente viva
E nunca tem paz,
Talvez porque do aço de sua pilastra
Vaze lento em veneno
Um velho malefício que não descrevo;
Ou talvez, como se narrava de noite,
Porque é fruto de um pacto funesto.
Por isso aqui jamais se verá a corrente
Espelhar tranquila os seus vãos,
Mas só ondas crespas e vórtices.
Por isso lima a si mesma em areia,
E estride pedra contra pedra,
E preme, preme, preme contra as margens
Para rachar a crosta da terra.

25 de novembro de 1982

L'opera

Ecco, è finito: non si tocca più.
Quanto mi pesa la penna in mano!
Era così leggera poco prima,
Viva come l'argento vivo:
Non avevo che da seguirla,
Lei mi guidava la mano
Come un veggente che guidi un cieco,
Come una dama che ti guidi a danza.
Ora basta, il lavoro è finito,
Rifinito, sferico.
Se gli togliessi ancora una parola
Sarebbe un buco che trasuda siero.
Se una ne aggiungessi
Sporgerebbe come una brutta verruca.
Se una ne cambiassi stonerebbe
Come un cane che latri in un concerto.
Che fare, adesso? Come staccarsene?
Ad ogni opera nata muori un poco.

15 gennaio 1983

A obra

Pronto, agora acabou: nem mais um toque.
Como me pesa a caneta na mão!
Era tão leve pouco tempo atrás,
Viva como a prata viva:
Eu só precisava segui-la,
Ela me guiava a mão
Como um vidente a conduzir um cego,
Como uma dama que o conduz na dança.
Agora chega, o trabalho acabou,
Retrabalhado, esférico.
Se lhe tirasse ainda uma palavra,
Seria um oco que transuda soro.
Se acrescentasse uma,
Despontaria como uma feia verruga.
Se lhe trocasse outra, destoaria
Como um cão latindo num concerto.
O que fazer agora? Como separar-se dela?
A cada obra que nasce você morre um pouco.

15 de janeiro de 1983

Un topo

È entrato un topo, da non so che buco;
Non silenzioso, come è loro solito,
Ma presuntuoso, arrogante e bombastico.
Era loquace, concettoso, equestre:
S'è arrampicato in cima allo scaffale
E mi ha fatto una predica
Citandomi Plutarco, Nietzsche e Dante:
Che non devo perdere tempo,
Bla bla, che il tempo stringe,
E che il tempo perduto non ritorna,
E che il tempo è denaro,
E che chi ha tempo non aspetti tempo
Perché la vita è breve e l'arte è lunga,
E che sente avventarsi alle mie spalle
Non so che carro alato e falcato.
Che sfacciataggine! Che sicumera!
Mi faceva venire il latte ai gomiti.
Forse che un topo sa che cosa è il tempo?
È lui che me lo sta facendo perdere
Con la sua ramanzina facciatosta.
È un topo? Vada a predicare ai topi.
L'ho pregato di togliersi di torno:
Che cosa è il tempo, io lo so benissimo,
Entra in molte equazioni della fisica,
In vari casi perfino al quadrato
O con un esponente negativo.

Um rato

Um rato entrou, não sei de que buraco;
Não silencioso, como é seu hábito,
Mas presunçoso, arrogante e bombástico.
Era loquaz, rebuscado, equestre:
Empoleirou-se em cima da prateleira
E me fez um sermão
Citando Plutarco, Nietzsche e Dante:
Que eu não devo perder tempo,
Blá-blá-blá, que o tempo urge,
E que o tempo perdido não retorna,
E que tempo é dinheiro,
E que quem tem tempo que o aproveite,
Porque a vida é breve e a arte é longa,
E que sente lançar-se às minhas costas
Não sei que carro alado e falcado.
Que petulância! Quanta baboseira!
Era de me torrar a paciência.
Acaso um rato sabe o que é o tempo?
Logo ele, que está gastando o meu
Com essa lenga-lenga descarada.
É um rato? Que vá pregar aos ratos.
Pedi-lhe que saísse do recinto:
O que é o tempo, eu sei perfeitamente,
Entra em muitas equações da física,
Em vários casos até ao quadrado
Ou com um expoente negativo. ›

Ai casi miei provvedo da me stesso,
Non ho bisogno dell'altrui governo:
Prima caritas incipit ab ego.

15 gennaio 1983

E de meus casos quem cuida sou eu,
Não necessito de governo alheio:
Prima caritas incipit ab ego.*

15 de janeiro de 1983

---

* Ditado latino: "A primeira caridade [ou o primeiro amor] começa por mim". [N.T.]

*Nachtwache**

"A che punto è la notte, sentinella?"

"Ho sentito il gufo ripetere
 La sua concava nota presaga,
 Stridere il pipistrello alla sua caccia,
 La biscia d'acqua frusciare
 Sotto le foglie fradice dello stagno.
 Ho sentito voci vinose,
 Impedite, iraconde, sonnolente
 Dalla bettola presso la cappella.
 Ho sentito bisbigli di amanti,
 Risa e rantoli di voglie assolte;
 Adolescenti mormorare in sogno,
 Altri volgersi insonni per desiderio.
 Ho visto lampi muti di calore,
 Ho visto lo spavento di ogni sera
 Della ragazza che ha smarrito il senno
 E non distingue il letto dalla bara.
 Ho sentito l'ansito rauco
 Di un vecchio solo che contesta la morte,
 Lacerarsi una partoriente,
 Il pianto di un bambino appena nato.
 Stenditi e prendi sonno, cittadino,
 È tutto in ordine; questa notte è al suo mezzo."

10 agosto 1983

---

* Significa "guarda-noturno" em alemão (era um termo técnico do *Lager*). O primeiro verso retoma Isaías 22,11. [N.A.]

Nachtwache

"Em que ponto está a noite, sentinela?"

"Escutei o mocho repetir
Sua nota côncava e pressaga,
O morcego guinchar em sua caça,
A cobra-d'água escorrer
Sob as folhas apodrecidas do charco.
Escutei vozes vinosas,
Embargadas, raivosas, sonolentas
Do boteco vizinho da capela.
Escutei sussurros de amantes,
Risos e gemidos de sedes aplacadas;
Adolescentes murmurando em sonho,
Outros revirando insones de desejo.
Eu vi lampejos mudos de calor,
Eu vi o horror de todas as noites
Da menina que perdeu o juízo
E não distingue a cama do caixão.
Escutei o estertor rouco
De um velho solitário a contestar a morte,
Uma parturiente se rasgando,
O choro de um menino que mal nasceu.
Deite-se e adormeça, cidadão,
Tudo está em ordem; a noite está no meio."

10 de agosto de 1983

Agave

Non sono utile né bella,
Non ho colori lieti né profumi;
Le mie radici rodono il cemento,
E le mie foglie, marginate di spine,
Mi fanno guardia, acute come spade.
Sono muta. Parlo solo il mio linguaggio di pianta,
Difficile a capire per te uomo.
È un linguaggio desueto,
Esotico, poiché vengo di lontano,
Da un paese crudele
Pieno di vento, veleni e vulcani.
Ho aspettato molti anni prima di esprimere
Questo mio fiore altissimo e disperato,
Brutto, legnoso, rigido, ma teso al cielo.
È il nostro modo di gridare che
Morrò domani. Mi hai capito adesso?

10 settembre 1983

Agave

Não sou útil nem bela,
Não tenho cores alegres nem perfumes;
Minhas raízes roem o cimento,
E minhas folhas, margeadas de espinhos,
Me defendem, agudas feito espadas.
Sou muda. Falo apenas minha língua de planta,
Difícil de você entender, homem.
É uma língua em desuso,
Exótica, porque venho de longe,
De um país cruel
Cheio de vento, venenos e vulcões.
Esperei muitos anos até expressar
Esta minha flor altíssima e desesperada,
Feia, lenhosa, rígida, mas lançada ao céu.
É nossa maneira de gritar que
Vou morrer amanhã: me entende agora?

10 de setembro de 1983

Meleagrina*

Tu, sanguecaldo precipitoso e grosso,
Che cosa sai di queste mie membra molli
Fuori del loro sapore? Eppure
Percepiscono il fresco e il tiepido,
E in seno all'acqua impurezza e purezza;
Si tendono e distendono, obbedienti
A muti intimi ritmi,
Godono il cibo e gemono la loro fame
Come le tue, straniero dalle movenze pronte.
E se, murata fra le mie valve pietrose,
Avessi come te memoria e senso,
E, cementata al mio scoglio, indovinassi il cielo?
Ti rassomiglio più che tu non creda,
Condannata a secernere secernere
Lacrime sperma madreperla e perla.
Come te, se una scheggia mi ferisce il mantello,
Giorno su giorno la rivesto in silenzio.

30 settembre 1983

---

* A meleagrina, ostra perlífera, é uma espécie distinta da ostra comestível mais comum. [N.A.]

Meleagrina

Você, sangue quente precipitoso e denso,
O que sabe destes meus membros tenros
Exceto seu sabor? No entanto,
Eles percebem o frescor e a tepidez,
Impureza e pureza em meio à água;
Se contraem e se distendem, obedientes
A íntimos ritmos mudos,
Gozam o alimento e gemem sua fome
Como os seus, estrangeiro de gestos ágeis.
E se, murada em minhas valvas petrosas,
Tivesse igualmente memória e senso,
E, soldada a meu escolho, adivinhasse o céu?
Somos mais parecidos do que você pensa,
Condenada a secretar e secretar
Lágrima, esperma, madrepérola e pérola.
Como você, se uma lasca me fere o manto,
Dia após dia a revisto em silêncio.

30 de setembro de 1983

La chiocciola

Perché affrettarsi, quando si è bene difesi?
Forse che un luogo è migliore di un altro,
Purché non manchino l'umidore e l'erba?
Perché correre, e correre avventure,
Quando basta rinchiudersi per aver pace?
E se poi l'universo le si fa nemico
Sa sigillarsi silenziosamente
Dietro il suo velo di calcare candido
Negando il mondo e negandosi al mondo.
Ma quando il prato è intriso di rugiada,
O la pioggia ha mansuefatto la terra,
Ogni tragitto è la sua via maestra,
Lastricata di bella bava lucida
Ponte da foglia a foglia e da sasso a sasso.
Naviga cauta sicura e segreta,
Tenta la via con gli occhi telescopici
Graziosa ripugnante logaritmica.
Ecco ha trovato il compagno-compagna,
Ed assapora trepida
Tesa e pulsante fuori del suo guscio
Timidi incanti di ancipiti amori.

7 dicembre 1983

O caracol

Por que apressar-se, quando se está bem protegido?
Acaso um lugar é melhor que outro,
Desde que não faltem umidade e relva?
Por que correr, e correr aventuras,
Quando basta encerrar-se para ter paz?
E se o universo se tornar seu inimigo,
Sabe selar-se silenciosamente
Por trás de seu véu de calcário cândido
Negando o mundo e negando-se ao mundo.
Mas quando o campo se encharca de orvalho,
Ou a chuva deixa a terra mais mansa,
Qualquer trajeto vira sua via mestra,
Recoberta de bela baba lúcida
Ponte de folha a folha e de seixo a seixo.
Navega prudente, seguro e oculto,
Tateia a trilha com olhos telescópicos
Gracioso repugnante logarítmico.
Eis que encontrou o parceiro-parceira,
E saboreia trêmulo
Teso e pulsante fora de sua casca
Tímidos encantos de amores dúbios.

7 de dezembro de 1983

Un mestiere

Non hai che da aspettare, con la biro pronta:
I versi ti ronzano intorno, come falene ubriache;
Una viene alla fiamma e tu l'acchiappi.
Certo non è finito, una non basta,
Ma è già molto, è l'inizio del lavoro.
Le altre atterrano lì vicino a gara,
In fila o in cerchio, in ordine o in disordine,
Semplici e quete e serve al tuo comando:
Il padrone sei tu, non si discute.
Se il giorno è buono, tu le disponi a schiera.
È un bel lavoro, vero? Onorato dal tempo,
Vecchio sessanta secoli e sempre nuovo,
Con regole precise oppure lasche,
O senza regole, come più ti piace.
Ti fa sentire in buona compagnia,
Non ozioso, non perso, non sempre inutile,
Caligato e togato,
Ammantato di bisso, laureato.
Abbi soltanto cura di non presumere.

2 gennaio 1984

Um ofício

Você só tem que esperar, com a caneta pronta:
Os versos zumbem ao redor como falenas bêbadas;
Uma vem até a chama e você a agarra.
Claro, não terminou, uma não basta,
Mas já é muito, é o início do trabalho.
As outras aterram em disputa ali perto,
Em fila ou em círculo, em ordem ou desordem,
Simples e quietas, obedientes ao seu comando:
Você é quem manda, não se discute.
Se o dia é bom, você as dispõe em fileira.
É um belo trabalho, não? Honrado pelo tempo,
Antigo sessenta séculos e sempre novo,
Com regras precisas ou então lassas,
Ou sem regras, como mais lhe agrada.
Assim se sente em boa companhia,
Não ocioso, não perdido, não sempre inútil,
Nimbado e togado,
Imantado de bisso, laureado.
Só tenha cuidado com a soberba.

2 de janeiro de 1984

Fuga*

Roccia e sabbia e non acqua
Sabbia trapunta dai suoi passi
Senza numero fino all'orizzonte:
Era in fuga, e nessuno lo inseguiva.
Ghiaione trito e spento
Pietra rosa dal vento
Scissa dal gelo alterno,
Vento asciutto e non acqua.
Acqua niente per lui
Che solo d'acqua aveva bisogno,
Acqua per cancellare
Acqua feroce sogno
Acqua impossibile per rifarsi mondo.
Sole plumbeo senza raggi
Cielo e dune e non acqua
Acqua ironica finta dai miraggi
Acqua preziosa drenata in sudore
E in alto l'inaccessa acqua dei cirri.
   Trovò il pozzo e discese,
Tuffò le mani e l'acqua si fece rossa.
Nessuno poté berne mai più.

12 gennaio 1984

* Cf. T.S. Eliot, *The Waste Land*, v. 332: "*Rock and no water and the sandy road*". [N.A.]

Fuga

Pedra e areia e nenhuma água
Areia varada por seus passos
Inumeráveis até o horizonte:
Ia em fuga, e ninguém o perseguia.
Cascalho moído e apagado
Pedra roída pelo vento
Cindida pelo gelo alterno,
Vento enxuto e sem água.
Água nenhuma para ele
Que somente de água precisava,
Água para apagar
Água sonho feroz
Água impossível de refazer-se puro.*
Sol de chumbo e sem raios
Céu e dunas e não água
Água irônica e falsa das miragens
Água preciosa drenada em suor
E no alto a inacessível água dos cirros.
     Achou o poço e desceu,
Imergiu as mãos e a água se fez rubra.
Ninguém mais pôde beber dali.

12 de janeiro de 1984

---

* Aqui há um jogo de palavras impossível de ser mantido em português, uma vez que *"mondo"* pode ser simultaneamente "mundo" e "puro", adjetivo derivado do verbo *mondare* ("purificar, limpar as excrescências"). Pelo contexto do poema, optei pela segunda acepção, mais rara. [N.T.]

Il superstite*

a B. V.

Since then, at an uncertain hour,
Dopo di allora, ad ora incerta,
Quella pena ritorna,
E se non trova chi lo ascolti
Gli brucia in petto il cuore.
Rivede i visi dei suoi compagni
Lividi nella prima luce,
Grigi di polvere di cemento,
Indistinti per nebbia,
Tinti di morte nei sonni inquieti:
A notte menano le mascelle
Sotto la mora greve dei sogni
Masticando una rapa che non c'è.
"Indietro, via di qui, gente sommersa,
Andate. Non ho soppiantato nessuno,
Non ho usurpato il pane di nessuno,
Nessuno è morto in vece mia. Nessuno.
Ritornate alla vostra nebbia.
Non è mia colpa se vivo e respiro
E mangio e bevo e dormo e vesto panni."

4 febbraio 1984

---

* Cf. S.T. Coleridge, *The Rime of the Ancient Mariner*, v. 582, e *Inferno*, canto XXXIII, 141. [N.A.]

O sobrevivente

para B. V.

Since then, at an uncertain hour,
Desde então, em hora incerta,
Aquela pena retorna,
E se não acha quem o escute
No peito o coração lhe queima.
Revê os rostos dos companheiros
Lívidos na luz primeira,
Cinzas de pó de cimento,
Indistintos na névoa,
Tingidos de morte em sonos inquietos:
À noite movimentam as mandíbulas
Sob as pedras pesadas dos sonhos*
Mastigando uma raiz que não há.
"Para trás, fora daqui, gente perdida,
Adiante. Não suplantei ninguém,
Não usurpei o pão de ninguém,
Ninguém morreu em meu lugar. Ninguém.
Retornem ao seu nevoeiro.
Não tenho culpa se vivo e respiro
E como e bebo e durmo e visto roupas."

4 de fevereiro de 1984

---

* Reminiscência dantesca, *Purgatório*, canto III, 129: "*Sotto la guardia de la grave mora*". [N.T.]

L'elefante

Scavate: troverete le mie ossa
Assurde in questo luogo pieno di neve.
Ero stanco del carico e del cammino
E mi mancavano il tepore e l'erba.
Troverete monete ed armi puniche
Sepolte dalle valanghe: assurdo, assurdo!
Assurda è la mia storia e la Storia:
Che mi importavano Cartagine e Roma?
Ora il mio bell'avorio, nostro orgoglio,
Nobile, falcato come la luna,
Giace in schegge tra i ciottoli del torrente:
Non era fatto per trafiggere usberghi
Ma per scavare radici e piacere alle femmine.
Noi combattiamo solo per le femmine,
E saviamente, senza spargere sangue.
Volete la mia storia? È breve.
L'indiano astuto mi ha allettato e domato,
L'egizio m'ha impastoiato e venduto,
Il fenicio m'ha ricoperto d'armi
E m'ha imposto una torre sulla groppa.
Assurdo fu che io, torre di carne,
Invulnerabile, mite e spaventoso,
Costretto fra queste montagne nemiche,
Scivolassi sul vostro ghiaccio mai visto.
Per noi, quando si cade, non c'è salvezza.
Un orbo audace* mi ha cercato il cuore

---

* O "cego audaz" é Aníbal, de quem se diz que teria contraído uma doença ocular durante a travessia dos Alpes. [N.A.]

O elefante

Escavem: irão encontrar meus ossos
Absurdos neste lugar cheio de neve.
Estava exausto da carga e do caminho
E me faltavam o calor e a relva.
Irão achar moedas e armas púnicas
Sepultadas por avalanches: absurdo, absurdo!
Absurda é minha história e a História:
Que me importavam Cartago e Roma?
Ora meu belo marfim, nosso orgulho,
Nobre, falcado como a lua,
Jaz em lascas entre os seixos da torrente:
Não foi feito para trespassar couraças
Mas escavar raízes e atrair as fêmeas.
Nós só combatemos pelas fêmeas,
E sabiamente, sem derramar sangue.
Querem saber minha história? É breve.
O indiano astuto me aliciou e domou,
O egípcio me aprisionou e vendeu,
O fenício me recobriu de armas
E me impôs uma torre na garupa.
Absurdo foi que eu, torre de carne,
Invulnerável, manso e assombroso,
Forçado entre estas montanhas inimigas,
Derrapasse em seu gelo nunca visto.
Para nós, quando se cai, ninguém se salva.
Um cego audaz buscou meu coração

A lungo, con la punta della lancia.
A queste cime livide nel tramonto
Ho lanciato il mio inutile
Barrito moribondo: "Assurdo, assurdo".

23 marzo 1984

Com a ponta da lança, longamente.
A esses picos pálidos no ocaso
Lancei o meu inútil
Barrido moribundo: "Absurdo, absurdo".

23 de março de 1984

Sidereus nuncius

Ho visto Venere bicorne
Navigare soave nel sereno.
Ho visto valli e monti sulla Luna
E Saturno trigemino
Io Galileo, primo fra gli umani;
Quattro stelle aggirarsi intorno a Giove,
E la Via Lattea scindersi
In legioni infinite di mondi nuovi.
Ho visto, non creduto, macchie presaghe
Inquinare la faccia del Sole.
Quest'occhiale l'ho costruito io,
Uomo dotto ma di mani sagaci:
Io ne ho polito i vetri, io l'ho puntato al Cielo
Come si punterebbe una bombarda.
Io sono stato che ho sfondato il Cielo
Prima che il Sole mi bruciasse gli occhi.
        Prima che il Sole mi bruciasse gli occhi
        Ho dovuto piegarmi a dire
        Che non vedevo quello che vedevo.
        Colui che m'ha avvinto alla terra
        Non scatenava terremoti né folgori,
        Era di voce dimessa e piana,
        Aveva la faccia di ognuno.
        L'avvoltoio che mi rode ogni sera
        Ha la faccia di ognuno.

11 aprile 1984

*Sidereus nuncius**

Avistei Vênus bicorne
Navegar suave no sereno.
Avistei vales e montes sobre a Lua
E Saturno trigêmeo
Eu, Galileu, primeiro entre os humanos;
Quatro estrelas a girar em torno a Júpiter,
E a Via Láctea cindir-se
Em legiões infinitas de mundos novos.
Avistei, não cri, manchas pressagas
Poluir a face do Sol.
Esta luneta quem construiu fui eu,
Homem douto, mas de dedos sagazes:
Eu poli seus vidros, eu a apontei ao Céu
Como se apontaria uma bombarda.
Fui eu quem primeiro penetrou o Céu
Antes que o Sol me queimasse os olhos.
   Antes que o Sol me queimasse os olhos
   Precisei dobrar-me e dizer
   Que eu não via aquilo que via.
   Aquele que me prendeu à terra
   Não vibrava terremotos nem raios,
   Tinha a voz suave e pausada,
   Tinha a cara de qualquer um.
   O abutre que me rói todas as noites
   Tem a cara de qualquer um.

11 de abril de 1984

* *Sidereus nuncius* (ou *O mensageiro sideral*) foi o primeiro opúsculo científico de Galileu Galilei baseado no uso do telescópio, publicado em Veneza em 1610. [N.T.]

Dateci

Dateci qualche cosa da distruggere,
Una corolla, un angolo di silenzio,
Un compagno di fede, un magistrato,
Una cabina telefonica,
Un giornalista, un rinnegato,
Un tifoso dell'altra squadra,
Un lampione, un tombino, una panchina.
Dateci qualche cosa da sfregiare,
Un intonaco, la Gioconda,
Un parafango, una pietra tombale.
Dateci qualche cosa da stuprare,
Una ragazza timida,
Un'aiuola, noi stessi.
Non disprezzateci: siamo araldi e profeti.
Dateci qualche cosa che bruci, offenda, tagli, sfondi, sporchi,
Che ci faccia sentire che esistiamo.
Dateci un manganello o una Nagant,
Dateci una siringa o una Suzuki.
Commiserateci.

30 aprile 1984

Dai-nos

Dai-nos alguma coisa pra destruir,
Uma corola, um canto de silêncio,
Um amigo de fé, um magistrado,
Uma cabine telefônica,
Um jornalista, um renegado,
Um torcedor do outro time,
Um poste de luz, um bueiro, um banco.
Dai-nos alguma coisa pra rasgar,
Um reboco, a Gioconda,
Um para-lama, uma pedra tumular.
Dai-nos alguma coisa pra estuprar,
Uma menina tímida,
Um canteiro, nós mesmos.
Não nos desprezeis: somos arautos e profetas.
Dai-nos algo que queime, ofenda, corte, arrombe, suje,
Que nos faça sentir que existimos.
Dai-nos um cassetete ou um Nagant,
Dai-nos uma seringa ou uma Suzuki.
Comiserai-vos de nós.

30 de abril de 1984

Scacchi (I)

Solo la mia nemica di sempre,
L'abominevole dama nera
Ha avuto nerbo pari al mio
Nel soccorrere il suo re inetto.
Inetto, imbelle pure il mio, s'intende:
Fin dall'inizio è rimasto acquattato
Dietro la schiera dei suoi bravi pedoni,
Ed è fuggito poi per la scacchiera
Sbieco, ridicolo, in passetti impediti:
Le battaglie non son cose da re.
Ma io!
Se non ci fossi stata io!
Torri e cavalli sì, ma io!
Potente e pronta, dritta e diagonale,
Lungiportante come una balestra,
Ho perforato le loro difese;
Hanno dovuto chinare la testa
I neri frodolenti ed arroganti.
La vittoria ubriaca come un vino.

Ora tutto è finito,
Sono spenti l'ingegno e l'odio.
Una gran mano ci ha spazzati via,
Deboli e forti, savi, folli e cauti,
I bianchi e i neri alla rinfusa, esanimi.
Poi ci ha gettati con scroscio di ghiaia
Dentro la scatola buia di legno
Ed ha chiuso il coperchio.
Quando un'altra partita?

9 maggio 1984

Xadrez (I)

Somente minha inimiga de sempre,
A abominável dama negra
Teve fibra igual à minha
Ao socorrer seu rei inepto.
Inepto, covarde o meu também, se sabe:
Desde o início ficou encolhido
Atrás da fileira dos bravos peões,
E depois fugiu pelo tabuleiro,
Oblíquo, ridículo, em passinhos curtos:
Batalhas não são coisas de rei.
Mas eu!
Se não fosse eu!
Torres e cavalos, sim, mas eu!
Poderosa e pronta, reta e diagonal,
De amplo alcance como uma catapulta,
Eu devassei todas as suas defesas;
Precisaram inclinar a cabeça
Os negros fraudulentos e arrogantes.
A vitória embebeda como um vinho.

Agora tudo acabou,
Se apagaram o engenho e o ódio.
Uma grande mão nos varreu do mapa,
Fracos e fortes, sábios, loucos e prudentes,
Brancos e negros a esmo, inermes.
Depois nos lançou com chiar de brita
Dentro da caixa escura de madeira
E fechou a tampa.
Quando outra partida?

9 de maio de 1984

Scacchi (II)

... Così vorresti, a metà partita,
A partita quasi finita,
Rivedere le regole del gioco?
Lo sai bene che non è dato.
Arroccare sotto minaccia?
O addirittura, se ho capito bene,
Rifare i tratti che hai mossi all'inizio?
Via, le hai pure accettate, queste regole,
Quando ti sei seduto alla scacchiera.
Il pezzo che hai toccato è un pezzo mosso:
Il nostro è un gioco serio, non ammette
Contratti, confusioni e contrabbandi.
Muovi, che il tuo tempo è scarso;
Non senti ticchettare l'orologio?
Del resto, perché insistere?
Per prevedere i miei tratti
Ci vuole altra sapienza che la tua.
Lo sapevi fin dal principio
Che io sono il più forte.

23 giugno 1984

Xadrez (II)

... Então você queria, a meio da partida,
Com a partida quase concluída,
Rever as regras do jogo?
Sabe bem que não se pode.
Enrocar sob ameaça?
Ou até, se bem entendi,
Refazer as jogadas desde o início?
Ora, você concordou com as regras
Ao se sentar em frente ao tabuleiro.
A peça tocada é peça movida:
Isto aqui é um jogo sério, não admite
Acordos, confusões e contrabandos.
Jogue, que seu tempo é curto;
Não ouve o tique-taque do relógio?
De resto, pra que insistir?
Para prever meus lances
É preciso mais perícia que a sua.
Você sabia desde o início
Que eu sou o mais forte.

23 de junho de 1984

Outros poemas
setembro de 1984-janeiro de 1987

Polvere

Quanta è la polvere che si posa
Sul tessuto nervoso di una vita?
La polvere non ha peso né suono
Né colore né scopo: vela e nega,
Oblitera, nasconde e paralizza;
Non uccide ma spegne,
Non è morta ma dorme.
Alberga spore vecchie di millenni
Pregne di danno a venire,
Crisalidi minuscole in attesa
Di scindere, scomporre, degradare:
Puro agguato confuso e indefinito
Pronto per l'assalto futuro,
Impotenze che diverranno potenze
Allo scoccare di un segnale muto.
Ma alberga pure germi diversi,
Semi assopiti che cresceranno in idee,
Ognuno denso di un universo
Impreveduto, nuovo, bello e strano.
Perciò rispetta e temi
Questo mantello grigio e senza forma:
Contiene il male e il bene,
Il pericolo, e molte cose scritte.

29 settembre 1984

Poeira

Quanta é a poeira que se deposita
Sobre o tecido nervoso de uma vida?
A poeira não tem peso nem som
Nem cor nem escopo: vela e nega,
Oblitera, oculta e paralisa;
Não mata mas apaga,
Não está morta mas dorme.
Abriga esporos milenares
Prenhes de danos por vir,
Crisálidas minúsculas à espera
De cindir, decompor, degradar:
Pura emboscada confusa e indefinida
Pronta para o assalto futuro,
Impotências que se tornarão potências
Ao estalo de um sinal mudo.
Mas também abriga germes diversos,
Sementes dormidas que vão brotar em ideias,
Cada uma densa de um universo
Imprevisível, novo, belo e estranho.
Por isso respeite e tema
Esse manto cinzento e sem forma:
Contém o mal e o bem,
O perigo e muitas coisas escritas.

29 de setembro de 1984

Una valle

C'è una valle che io solo conosco.
Non ci si arriva facilmente,
Ci sono dirupi al suo ingresso,
Sterpi, guadi segreti ed acque rapide,
Ed i sentieri sono ridotti a tracce.
La maggior parte degli atlanti la ignorano:
La via d'accesso l'ho trovata da solo.
Ci ho messo anni
Sbagliando spesso, come avviene,
Ma non è stato tempo gettato.
Non so chi ci sia stato prima,
Uno o qualcuno o nessuno:
La questione non ha importanza.
Ci sono segni su lastre di roccia,
Alcuni belli, tutti misteriosi,
Certo qualcuno non di mano umana.
Verso il basso ci sono faggi e betulle,
In alto abeti e larici
Sempre più radi, tormentati dal vento
Che gli rapisce il polline a primavera
Quando si svegliano le prime marmotte.
Più in alto ancora sono sette laghi
D'acqua incontaminata,
Limpidi, scuri, gelidi e profondi.
A questa quota le piante nostrane
Cessano, ma quasi sul valico
C'è un solo albero vigoroso,
Florido e sempre verde
A cui nessuno ha ancora dato nome:
È forse quello di cui parla la Genesi.
Dà fiori e frutti in tutte le stagioni,

Um vale

Há um vale que somente eu conheço.
Não se chega a ele facilmente,
Há precipícios logo na entrada,
Sarças, vaus secretos e águas rápidas,
E suas trilhas se reduziram a rastros.
A maior parte dos mapas o ignora:
A via de acesso a encontrei sozinho.
Precisei de anos
Com frequência errando, como ocorre,
Mas não foi tempo perdido.
Não sei quem esteve lá antes,
Um, alguém ou ninguém:
A questão não tem importância.
Há sinais em placas de rocha,
Alguns bonitos, todos misteriosos,
Uns decerto não de mão humana.
Rumo ao fundo há faias e bétulas,
No alto, abetos e lariços
Cada vez mais raros, castigados pelo vento
Que lhes rapina o pólen na primavera
Quando as primeiras marmotas despertam.
Mais acima ainda há sete lagos
De água incontaminada,
Límpidos, escuros, gélidos, profundos.
Nessa altitude nossa vegetação
Cessa, mas quase na crista
Há uma única árvore vigorosa,
Viçosa e sempre verde
À qual ninguém ainda deu nome:
Talvez seja a de que fala o Gênesis.
Dá flores e frutos em todas as estações,

Anche quando la neve gli grava i rami.
Non ha congeneri: feconda se stesso.
Il suo tronco reca vecchie ferite
Da cui stilla una resina
Amara e dolce, portatrice d'oblio.

29 ottobre 1984

Mesmo quando a neve pesa em seus ramos.
Não tem iguais: fecunda a si mesma.
Seu tronco carrega velhas feridas
Das quais destila uma resina
Amarga e doce, fonte de esquecimento.

29 de outubro de 1984

Carichi pendenti

Non vorrei disturbare l'universo.
Gradirei, se possibile,
Sconfinare in silenzio
Col passo lieve dei contrabbandieri
O come quando si diserta una festa.
Arrestare senza stridori
Lo stantuffo testardo dei polmoni,
E dire al caro cuore,
Mediocre musicista senza ritmo:
— Dopo 2,6 miliardi di battute
Sarai pur stanco; dunque, grazie e basta —.
Se possibile, come dicevo;
Se non fosse di quelli che restano,
Dell'opera lasciata monca
(Ogni vita è monca),
Delle pieghe e piaghe del mondo;
Se non fosse dei carichi pendenti,
Dei debiti pregressi,
Dei precedenti inderogabili impegni.

10 dicembre 1984

Encargos pendentes

Não queria perturbar o universo.
Gostaria, se possível,
De me afastar em silêncio
Com o passo leve dos contrabandistas
Ou como quando se abandona uma festa.
Suspender sem estridores
O pistão obstinado dos pulmões,
E dizer ao caro coração,
Músico medíocre e sem ritmo:
— Depois de 2,6 bilhões de batidas
Já deve estar cansado; então chega, obrigado.*
Se possível, como eu dizia;
Se não fosse pelos que ficam,
Pela obra ainda inacabada
(Toda vida é inacabada),
Pelas dobras e chagas do mundo;
Se não fosse pelos encargos pendentes,
Pelos débitos pregressos,
Pelos inderrogáveis empenhos precedentes.

10 de dezembro de 1984

---

* Clara referência ao poema "A se stesso", de Giacomo Leopardi, *Canti*, XXVIII: "*Or poserai per sempre/ stanco mio cor*". [N.T.]

Canto dei morti invano

Sedete e contrattate
A vostra voglia, vecchie volpi argentate.
Vi mureremo in un palazzo splendido
Con cibo, vino, buoni letti e buon fuoco
Purché trattiate e contrattiate
Le vite dei nostri figli e le vostre.
Che tutta la sapienza del creato
Converga a benedire le vostre menti
E vi guidi nel labirinto.
Ma fuori al freddo vi aspetteremo noi,
L'esercito dei morti invano,
Noi della Marna e di Montecassino,
Di Treblinka, di Dresda e di Hiroshima:
E saranno con noi
I lebbrosi e i tracomatosi,
Gli scomparsi di Buenos Aires,
I morti di Cambogia e i morituri d'Etiopia,
I patteggiati di Praga,
Gli esangui di Calcutta,
Gl'innocenti straziati a Bologna.
Guai a voi se uscirete discordi:
Sarete stretti dal nostro abbraccio.
Siamo invincibili perché siamo i vinti.
Invulnerabili perché già spenti:
Noi ridiamo dei vostri missili.
Sedete e contrattate
Finché la lingua vi si secchi:
Se dureranno il danno e la vergogna
Vi annegheremo nella nostra putredine.

14 gennaio 1985

Canto dos mortos em vão

Sentem-se e negociem
À vontade, velhas raposas prateadas.
Vamos emparedá-las num palácio esplêndido
Com comida, vinho, boas camas e fogo
Contanto que negociem e acordem
As vidas de nossos filhos e as suas.
Que toda a sabedoria da criação
Concorra para abençoar suas mentes
E as conduza pelo labirinto.
Mas fora, no frio, as esperaremos nós,
O exército dos mortos em vão,
Nós do Marne e de Montecassino,
De Treblinka, de Dresden e Hiroshima:
E estarão conosco
Os leprosos e os tracomatosos,
Os desaparecidos de Buenos Aires,
Os mortos do Camboja e os que vão morrer na Etiópia,
Os derrotados de Praga,
Os exangues de Calcutá,
Os inocentes massacrados em Bolonha.
Ai de vocês se saírem em desacordo:
Serão esmagados em nosso abraço.
Somos invencíveis porque vencidos.
Invulneráveis porque já extintos:
Nós rimos de seus mísseis.
Sentem-se e negociem
Até que suas línguas sequem:
Se persistirem o dano e a vergonha,
Nós as afogaremos em nossa podridão.

14 de janeiro de 1985

Il disgelo

Quando la neve sarà tutta sciolta
Andremo in cerca del vecchio sentiero,
Quello che si sta coprendo di rovi
Dietro il muro del monastero;
Tutto sarà come una volta.

Ai due lati, fra l'erica folta
Ritroveremo cert'erbe stente
Il cui nome non ti saprei citare:
Lo ripasso ogni venerdì
Ma ogni sabato m'esce di mente;
M'hanno detto che sono rare,
E buone contro la malinconia.

Le felci, agli orli della via
Sono tenere come creature:
Sporgono appena dal terreno,
Arricciolate a spirale, eppure
Sono già pronte per i loro amori
Alterni e verdi, più intricati dei nostri.

I loro germi rodono il freno
Maschietti e femminette,
Negli sporangi rugginosi.
Eromperanno alla prima pioggia,
Nuotando nella prima goccia,
Vogliosi ed agili: viva gli sposi!

O degelo

Quando toda a neve estiver desfeita
Vamos em busca do velho caminho,
Esse que está se cobrindo de espinhos
Por trás do muro do monastério;
E tudo será como antes.

Dos dois lados, entre a urze cerrada
Veremos de novo um mato ralo
Cujo nome não saberia dizer:
Passo por ele toda sexta,
Mas sábado já me sai da cabeça;
Me disseram que é bem raro,
E que serve contra a melancolia.

As faias nas orlas da trilha
São tenras como recém-nascidos:
Despontam discretas do terreno,
Retorcidas em espiral, e no entanto
Estão já prontas para seus amores
Alternos e verdes, mais intrincados que os nossos.

Seus germes roem o freio,
Machos e fêmeas,
Nos esporângios ferruginosos.
Irromperão com a primeira chuva,
Nadando na primeira gota,
Desejosos e ágeis: viva os noivos!

Siamo stanchi d'inverno. Il morso
Del gelo ha lasciato il suo segno
Su carne, mente, fango e legno.
Venga il disgelo, e sciolga la memoria
Della neve dell'anno scorso.

2 febbraio 1985

Estamos cansados de inverno. O travo
Do gelo deixou suas marcas
Na carne, na mente, em lama e lenho.
Que venha o degelo e dissolva a memória
Da neve do ano passado.

2 de fevereiro de 1985

Ladri

Vengono a notte, come fili di nebbia,
Spesso anche in pieno giorno.
Inavvertiti, filtrano attraverso
Le fenditure, i buchi delle chiavi,
Senza rumore; non lasciano tracce,
Non serrature infrante, non disordine.
Sono i ladri del tempo,
Fluidi e viscidi come le mignatte:
Bevono il tuo tempo e lo sputano via
Come si butterebbe un'immondezza.
Non li hai mai visti in viso. Hanno viso?
Labbra e lingua sì certo
E dentini minuscoli, affilati.
Suggono senza provocare dolore
Lasciando solo una cicatrice livida.

14 ottobre 1985

Ladrões

Vêm de noite, como linhas de névoa,
Muitas vezes também em pleno dia.
Despercebidos, infiltram-se através
Das fendas, buracos das fechaduras,
Sem fazer barulho; não deixam rastros,
Nem sinais de arrombamento ou desordem.
São os ladrões do tempo,
Fluidos, viscosos como sanguessugas:
Bebem seu tempo e o cospem fora
Como se descartassem imundície.
Nunca se viu a cara deles. Têm cara?
Lábios e língua sem dúvida
E dentinhos minúsculos, afiados.
Sugam sem provocar dor nenhuma
Deixando apenas uma cicatriz lívida.

14 de outubro de 1985

Agli amici

Cari amici, qui dico amici
Nel senso vasto della parola:
Moglie, sorella, sodali, parenti,
Compagne e compagni di scuola,
Persone viste una volta sola
O praticate per tutta la vita:
Purché fra noi, per almeno un momento,
Sia stato teso un segmento,
Una corda ben definita.

Dico per voi, compagni d'un cammino
Folto, non privo di fatica,
E per voi pure, che avete perduto
L'anima, l'animo, la voglia di vita.
O nessuno, o qualcuno, o forse un solo, o tu
Che mi leggi: ricorda il tempo,
Prima che s'indurisse la cera,
Quando ognuno era come un sigillo.
Di noi ciascuno reca l'impronta
Dell'amico incontrato per via;
In ognuno la traccia di ognuno.
Per il bene od il male
In saggezza o in follia
Ognuno stampato da ognuno.
Ora che il tempo urge da presso,
Che le imprese sono finite,
A voi tutti l'augurio sommesso
Che l'autunno sia lungo e mite.

16 dicembre 1985

Aos amigos

Caros amigos, e aqui digo amigos
No sentido largo da palavra:
Esposa, irmã, agregados, parentes,
Todos os colegas de escola,
Pessoas vistas uma vez só
Ou frequentadas por toda a vida:
Desde que entre nós, por apenas um momento,
Tenha se estendido um segmento,
Uma corda bem definida.

Digo a vocês, companheiros de estrada
Rica, não isenta de fadiga,
E a vocês também, que já perderam
A alma, o ânimo, a vontade de vida.
Ou a ninguém, alguém, quem sabe um só, você
Que me lê: lembre-se do tempo,
Antes que endurecesse a cera,
Quando cada um era como um sigilo.
De nós cada um traz a marca
Do amigo encontrado na estrada;
Cada um o vestígio de cada um.
Para o bem ou para o mal
Na sensatez ou na loucura
Cada qual impresso em cada qual.
Agora que o tempo urge de perto,
Que os trabalhos estão todos findos,
A vocês o desejo discreto
De que o outono seja longo e brando.

16 de dezembro de 1985

Agosto

Chi rimane nella città in agosto?
Solo i poveri e i matti,
Le vecchiette dimenticate,
I pensionati col volpino,
I ladri, qualche gentiluomo e i gatti.
Per le strade deserte
Senti un percuotere fitto di tacchi;
Vedi donne col sacco di plastica
Nella linea d'ombra lungo i muri.
Sotto la fontanella col toretto
Dentro la pozza verde d'alghe
C'è una naiade di mezza età
Lunga dieci centimetri e mezzo:
Ha solo indosso il reggipetto.
Qualche metro più in là,
A dispetto del celebre divieto,
I colombi questuanti
Ti circondano a stuolo
E ti rubano il pane dalla mano.
Senti frusciare nel cielo, in volo
Stracco, il demone meridiano.

22 luglio 1986

Agosto

Quem fica na cidade em agosto?
Somente os pobres e os loucos,
As velhinhas esquecidas,
Aposentados com seus cachorros,
Ladrões, um ou outro nobre e os gatos.
Pelas ruas desertas,
Ouve-se um toque contínuo de tacos;
Você vê mulheres com sacos plásticos
Na linha de sombra ao longo dos muros.
Sob o chafariz do pequeno touro
Dentro da poça verde de algas
Há uma náiade de meia-idade
Medindo dez centímetros e meio:
Cobre-lhe apenas um sutiã.
Alguns metros adiante,
Apesar da famosa proibição,
Os pombos suplicantes
O circundam em alvoroço
E roubam o pão de sua mão.
Ouve-se sibilar no céu, em voo
Exausto, o demônio meridiano.

22 de julho de 1986

La mosca

Qui sono sola: questo
È un ospedale pulito.
Sono io la messaggera.
Per me non ci sono porte serrate:
Una finestra c'è sempre,
Una fessura, i buchi delle chiavi.
Cibo ne trovo in abbondanza,
Tralasciato dai troppo sazi
E da quelli che non mangiano più.
      Traggo alimento
Anche dai farmaci gettati,
Poiché a me nulla nuoce,
Tutto mi nutre, rafforza e giova;
Materie nobili ed ignobili,
Sangue, sanie, cascami di cucina:
Trasformo tutto in energia di volo
Tanto preme il mio ufficio.
Io per ultima bacio le labbra
Arse dei moribondi e morituri.
Sono importante. Il mio sussurro
Monotono, noioso ed insensato
Ripete l'unico messaggio del mondo
A coloro che varcano la soglia.
      Sono io la padrona qui:
      La sola libera, sciolta e sana.

31 agosto 1986

A mosca

Estou só aqui: este
É um hospital limpo.
Sou eu a mensageira.
Para mim não há portas cerradas:
Sempre há uma janela,
Uma fenda, os buracos da fechadura.
Comida encontro em abundância,
Deixada pelos saciados em demasia
E pelos que já não comem.
      Tiro alimento
Até de remédios descartados,
Porque nada me estraga,
Tudo me nutre, reforça, beneficia;
Matérias nobres e ignóbeis,
Sangue, pus, refugos de cozinha:
Transformo tudo em energia de voo,
Tanto demanda meu ofício.
Sou a última a beijar os lábios
Secos dos moribundos e morituros.*
Sou importante. Meu sussurro
Monótono, irritante e insensato
Repete a única mensagem do mundo
Aos que atravessam a soleira.
      Aqui eu sou a senhora:
      A única livre, solta e sã.

31 de agosto de 1986

---

* Provável alusão ao conto "A mosca", de Luigi Pirandello. (Ed. bras.: *40 novelas de Luigi Pirandello*. Sel., trad., intr. e notas de Maurício Santana Dias. São Paulo: Companhia das Letras, 2008, pp. 96-104.) [N.T.]

Il dromedario

A che tante querele, liti e guerre?
Non avete che da imitarmi.
Niente acqua? Me ne sto senza,
Attento solo a non sprecare fiato.
Niente cibo? Attingo alla gobba:
Quando i tempi vi sono propizi
Crescetene una anche voi.
E se la gobba è floscia
Mi bastano pochi sterpi e paglia;
L'erba verde è lascivia e vanità.
Ho brutta voce? Taccio quasi sempre,
E se bramisco non mi sente nessuno.
Sono brutto? Piaccio alla mia femmina,
Le nostre badano al sodo
E dànno il miglior latte che ci sia;
Alle vostre, chiedete altrettanto.
Sì, sono un servo, ma il deserto è mio:
Non c'è servo che non abbia il suo regno.
Il mio regno è la desolazione;
Non ha confini.

24 novembre 1986

O dromedário

Pra que tantas rixas, guerras, querelas?
Vocês só precisam me imitar.
Nada de água? Passem sem ela,
Só cuidem de não dissipar o fôlego.
Nada de boia? Tiro a minha da corcova:
Quando os tempos forem propícios
Cultivem uma vocês também.
E se a corcova está murcha
Me bastam poucos abrolhos e palha;
A relva verde é lascívia e vaidade.
Tenho voz feia? Quase sempre me calo
E se blatero ninguém me escuta.
Sou feio? Agrado à minha fêmea,
As nossas só miram o concreto
E dão o melhor leite que existe;
Às suas, peçam o mesmo.
Sim, sou um servo, mas o deserto é meu:
Não há servo que não tenha seu reino.
Meu reino é a desolação;
Não conhece limites.

24 de novembro de 1986

Almanacco

Continueranno a fluire a mare
I fiumi indifferenti
O a valicare rovinosi gli argini
Opere antiche d'uomini tenaci.
Continueranno i ghiacciai
A stridere levigando il fondo
Od a precipitare improvvisi
Recidendo la vita degli abeti.
Continuerà il mare a dibattersi
Captivo tra i continenti
Sempre più avaro della sua ricchezza.
Continueranno il loro corso
Sole stelle pianeti e comete.
Anche la Terra temerà le leggi
Immutabili del creato.
Noi no. Noi propaggine ribelle
Di molto ingegno e poco senno,
Distruggeremo e corromperemo
Sempre più in fretta;
Presto presto, dilatiamo il deserto
Nelle selve dell'Amazzonia,
Nel cuore vivo delle nostre città,
Nei nostri stessi cuori.

2 gennaio 1987

Almanaque

Continuarão correndo pro mar
Os rios indiferentes
Ou a transbordar ruinosos os diques
Obras antigas de homens tenazes.
Continuarão as geleiras
A crepitar consumindo o fundo
Ou precipitando repentinas
A extirpar a vida dos abetos.
Continuará o mar a debater-se
Cativo entre os continentes
Sempre mais avaro de sua riqueza.
Continuarão seu curso
Sol estrelas planetas e cometas.
Mesmo a Terra temerá as leis
Imutáveis da criação.
Nós não. Nós, linhagem rebelde
De muito engenho e pouco siso,
Vamos destruir e corromper
Sempre mais depressa;
Logo, logo dilataremos o deserto
Nas selvas da Amazônia,
No coração vivo de nossas cidades,
Em nossos próprios corações.

2 de janeiro de 1987

Índice de títulos e primeiros versos

11 de fevereiro de 1946, 32
12 de julho de 1980, 72
25 de fevereiro de 1944, 20

A
A bruxa, 36
A geleira, 34
A menina de Pompeia, 62
A mosca, 146
A obra, 92
Agave, 100
Agosto, 144
Ai de ti, mensageiro, se mentir a teu velho soberano, 65
Almanaque, 150
Anunciação, 66
Aos amigos, 142
Aracne, 86
Arrancam as carroças rumo ao vale, 69
Autobiografia, 76
Avistei Vênus bicorne, 117

B
Buscava a ti nas estrelas, 33

C
Canto dos mortos em vão, 134
Caros amigos, e aqui digo amigos, 143
Chegada, 48
Continuarão correndo pro mar, 151
Coração de madeira, 70
Corre livre o vento por nossas planícies, 47

D
Dai-nos, 118
Dai-nos alguma coisa pra destruir, 119
Despedida, 58

E
É robusto o meu vizinho de casa, 71
"Em que ponto está a noite, sentinela?", 99
Encargos pendentes, 132
... Então você queria, a meio da partida, 123
Epígrafe, 40
Era possível escolher percurso mais absurdo?, 75
Eram cem, 44
Eram cem homens em armas, 45
Escavem: irão encontrar meus ossos, 113
Espera, 38
Este é um tempo de raios sem trovão, 39
Estou só aqui: este, 147
Estrelas negras, 56
"Eu cheguei de muito longe, 23
Eu sei o que quer dizer não voltar, 31

F
Feliz o homem que alcançou o porto, 49
Ficou tarde, meus caros, 59
Fileira escura, 74
Fuga, 108

H
Há muito sob as cobertas, 37
Há um vale que somente eu conheço, 129
Huayna Capac, 64

I
Irmãos humanos a quem um ano é longo, 53

J
Já que a angústia de cada um é a nossa, 63

L
Ladrões, 140
Levantar, 26
Lilith, 50
Lilith, nossa segunda parente, 51

M
Medidas não despachadas, 82
Meleagrina, 102

N
Nachtwache, 98
Não é como as outras pontes, 91
Não me detenham, amigos, deixem-me zarpar, 61
Não queria perturbar o universo, 133
Não sou útil nem bela, 101
Não te espantes, mulher, com minha forma selvagem, 67
Nesta cidade não há rua mais gasta, 55
Ninguém mais cante o amor ou a guerra, 57
No princípio, 52

O
O canto do corvo (I), 22
O canto do corvo (II), 42
O caracol, 104
O degelo, 136
O dromedário, 148
O elefante, 112
O que é mais triste que um trem?, 29
O que há de estranho? Eu não gostava do céu, 89
O sobrevivente, 110
Ó tu que riscas, caminhante da colina, 41
Onde vocês estão, partigia *desses vales*, 85

P
Para Adolf Eichmann, 46
Paramos, e aventuramos o olhar, 35
Partigia, 84
Pedra e areia e nenhuma água, 109
Plínio, 60
Poeira, 126
Pôr do sol em Fòssoli, 30
Por que apressar-se, quando se está bem protegido?, 105
Pra que tantas rixas, guerras, querelas?, 149
Pronto, agora acabou: nem mais um toque, 93

Q
Quando toda a neve estiver desfeita, 137
Quanta é a poeira que se deposita, 127
"Quantos são os seus dias? Eu os contei, 43

Quem fica na cidade em agosto?, 145
Queria acreditar em algo além, 21

R
Rua Cigna, 54
Rumo ao vale, 68

S
Segunda-feira, 28
Senhor, a partir do próximo mês, 83
Sentem-se e negociem, 135
Shemà, 24
Sidereus nuncius, 116
Since then, at an uncertain hour, 111
Somente minha inimiga de sempre, 121
Sonhávamos nas noites ferozes, 27
Sou velho como o mundo, eu que lhes falo, 77

T
Tecerei outra teia para mim, 87
Tenha paciência, minha mulher tão fatigada, 73

U
Um ofício, 106
Um rato, 94
Um rato entrou, não sei de que buraco, 95
Um vale, 128
Uma ponte, 90

V
Velha toupeira, 88
Vêm de noite, como linhas de névoa, 141
Você, sangue quente precipitoso e denso, 103
Você só tem que esperar, com a caneta pronta, 107
Vós que viveis seguros, 25
Vozes, 80
Vozes mudas desde sempre, ou de ontem, ou recém-extintas, 81

X
Xadrez (I), 120
Xadrez (II), 122

© Garzanti Editore S.P.A, 1984, 1990, 1998;
© 2004, Garzanti Libri S.P.A., Milão.
Gruppo Editoriale Mauri Spagnol

Todos os direitos desta edição reservados à Todavia.

Grafia atualizada segundo o Acordo Ortográfico da Língua Portuguesa de 1990, que entrou em vigor no Brasil em 2009.

capa
Daniel Trench
preparação
Andressa Bezerra Côrrea
revisão
Luciana Baraldi
Huendel Viana
Ana Alvares

2ª reimpressão, 2023

Dados Internacionais de Catalogação na Publicação (CIP)

Levi, Primo (1919-1987)
  Mil sóis : poemas escolhidos / Primo Levi ; seleção, tradução e apresentação Maurício Santana Dias. — 1. ed. — São Paulo : Todavia, 2019.

  ISBN 978-65-80309-19-1

  1. Literatura italiana. 2. Poesia contemporânea. 3. Cultura judaica. 4. Guerra Mundial (1939-1945). I. Dias, Maurício Santana. II. Título.

CDD 851

Índice para catálogo sistemático:
1. Literatura italiana : poesia 851

Bruna Heller — Bibliotecária — CRB 10/2348

todavia
Rua Luís Anhaia, 44
05433.020 São Paulo SP
T. 55 11. 3094 0500
www.todavialivros.com.br

fonte
Register*
papel
Pólen natural 80 g/m²
impressão
Geográfica